KB124988

중국 키워드

일대
일로편

중국
키워드

일대
일로편

초판 1쇄 인쇄 2019년 2월 25일
초판 1쇄 발행 2019년 2월 27일

지 은 이 중국외문출판발행사업국·중국번역연구원
책임편집 [한] 김승일(金勝一)
         [중] 통멍(佟萌)·펑위예멍(冯悦萌)
옮 긴 이 김승일(金勝一)
발 행 인 김승일(金勝一)
디 자 인 조경미
펴 낸 곳 경지출판사

출판등록 제2015-000026호
주소 경기도 파주시 산남로 85-8
Tel : 031-957-3890~1 **Fax :** 031-957-3889
e-mail : zinggumdari@hanmail.net

ISBN 979-11-88783-89-2 03320

중국 키워드

일대
일로편

중국외문출판발행사업국 · 중국번역연구원 공저
김승일(金勝一)옮김

경지출판사

CONTENTS

협력중점

'회랑(回廊)'의 건설

CONTENTS

협력 사례

서언

「중국 키워드 — '일대일로' 편」 다국어 도서 시리즈는 '중국 키워드 다국어 대외 전파 플랫폼' 프로젝트의 주요 성과물 중의 하나이다.

'중국 키워드 다국어 대외 전파 플랫폼'은 중국 외문 출판사업국과 중국번역연구원 및 중국번역협회가 공동으로 진행 중인 국가 중점 프로젝트이다. 주요 내용은 시진핑(習近平) 총서기를 핵심으로 하는 중국 공산당 중앙의 국정운영에 관한 새로운 이념, 새로운 사상, 새로운 전략 등을 중국어로 편집 해석하고, 이를 다시 다국어 버전으로 만드는 것이다. 지면, 인터넷과 모바일 SNS(소셜 네트워크 서비스) 등을 포함한 멀티미디어, 다양한 채널, 다양한 방식을 통하여 실시간으로 정보를 지속적으로 배포하는 것이다. 목적은 외국 독자나 시청자들이 편하게 읽고 이해할 수 있는 방식으로 중국의 이념을 소개하고, 중국의 사상, 정책, 발전방식 등을 해석하는 데 있다.

독자들이 전면적이고 객관적으로 '일대일로' 이니셔티브를 이해할 수 있도록 하기 위해 「중국 키워드」 프로젝트 전담팀은 관련 중앙 부서, 대외 언론매체, 과학연구기관 및 대학교 등의 연구원, 번역 전문가 등을 망라하여 체계적인 정리와 전문적인 번역과 편집을 거쳐 중국어·외국어 대조 「중국 키워드 — '일대일로' 편」 다국어 도서 시리즈를 출판하였다. 이 도서 시리즈는 총 14권으로 영어, 불어, 러시아어, 스페인어, 아랍어, 독일어, 포르투갈어, 이탈리아어, 일본어, 한국어, 베트남어, 인도네시아어, 터키어, 카자흐스탄어 등 14개 언어로 되어있다. 능력과 시간의 제한으로 인해 중국어 키워드를 선택하고 편찬하는 과정에서 키워드를 누락할 수도 있고, 또한 편파적인 표현을 썼을 수도 있다. 특히 관련 국가의 구상, 초기 협력 프로젝트를 소개할 때 일부 실마리만 제공할 수밖에 없었다. 외국어 번역에도 부족한 부분이 많아 열람과 참고로만 사용되기를 바라고 독자 여러분들의 많은 지적과 시정을 기대한다. 스토리마다 키워드가 있듯이 중국에 대해 이야기하려면 먼저 중국 키워드를 이해하는 것이 필요하다. 이러한 '중국 키워드'를 통해 중국을 보다 잘 이해하고, 나아가 세계와 소통할 수 있기를 바라마지 않는다.

前言

    《中国关键词 ："一带一路"篇》多文种系列图书是"中国关键词多语对外传播平台"项目成果。

    "中国关键词多语对外传播平台"是中国外文出版发行事业局、中国翻译研究院和中国翻译协会联合组织实施的国家重点项目，主要围绕以习近平同志为核心的党中央治国理政新理念、新思想、新战略，进行中文词条专题编写、解读以及多语种编译，通过平面、网络和移动社交平台等多媒体、多渠道、多形态及时持续对外发布，旨在以国外受众易于阅读和理解的方式，阐释中国理念和中国思想，解读中国政策和中国发展道路。

    为了使读者更全面、客观地了解"一带一路"倡议，《中国关键词》项目组联合中央相关部委、涉外新闻媒体、科研机构以及高

等院校等的研究及翻译专家，系统梳理、专题编写、编译出版了《中国关键词：“一带一路”篇》

中外对照多文种系列图书，涵盖英语、法语、俄语、西班牙语、阿拉伯语、德语、葡语、意大利语、日语、韩语、越南语、印尼语、土耳其语、哈萨克语 14个语种。

由于能力及时间所限，在中文词条选择和编写这些“关键词”时，难免挂一漏万，表述也可能存在偏颇，尤其是在介绍相关国家或组织倡议和前期合作项目时，

只提供了部分线索 ；外文译文表达也可能多有不足，仅供阅读参考，欢迎读者指正。

讲故事需要关键词，讲好中国故事需要中国关键词。让我们用“中国关键词”点击中国、沟通世界。

기본개념
- 基本概念 -

一带一路

　　"一带一路"是"丝绸之路经济带"和"21世纪海上丝绸之路"的简称。2013年9月和10月，中国国家主席习近平出访中亚和东南亚时，分别提出了与相关国家共同建设"丝绸之路经济带"和"21世纪海上丝绸之路"的倡议。该倡议以实现"政策沟通、设施联通、贸易畅通、资金融通、民心相通"为主要内容，以"共商、共建、共享"为原则，实实在在地造福沿线国家和人民。"一带一路"主要涵盖东亚、东南亚、南亚、西亚、中亚和中东欧等国家和地区。"一带一路"建设符合有关各方共同利益，顺应地区和全球合作潮流，得到了沿线国家的积极响应。截止到2016年年底，已有100多个国家和国际组织表达了支持和参与"一带一路"建设的积极意愿，40多个国家和国际组织与中国签署了共建"一带一路"政府间合作协议。

'일대일로(一帶一路)'

'일대일로'는 '실크로드 경제지대'와 '21세기 해상 실크로드'의 약칭이다. 2013년 9월과 10월 시진핑 중국 국가주석이 중앙아시아와 동남아시아를 순방하면서 관련 국가와 함께 '실크로드 경제지대'와 '21세기 해상 실크로드'를 건설하자는 이니셔티브를 제의하였다. 이 이니셔티브는 "정책의 소통, 시설의 연통(聯通, 연결), 무역의 창통(暢通, 원활한 무역), 자금의 융통, 민심의 상통(相通)"을 주요 내용으로 하고, 공상(共商, 공동 협상), 공건(共建, 공동 건설), 공향(共享, 공유)을 원칙으로 하며, 확실하게 실크로드 경제지대와 21세기 해상실크로드 주변 국가와 국민들의 복지를 향상시키자는 것이다. '일대일로'이 포용하는 지역은 동아시아, 동남아시아, 남아시아, 서아시아, 중동에 들어 있는 유럽 국가와 지역을 포함한다. '일대일로'의 건설은 각자의 이익에 부합하고, 지역과 글로벌 협력의 흐름을 따르는 것으로, '일대일로' 주변 국가의 적극적 호응을 받고 있다. 2016년 말 현재 100여 개의 국가 및 국제기구들이 '일대일로' 건설에 대해 지지와 참여의사를 표명하였고, 40여 개 국가와 국제기구들이 중국과 '일대일로' 공동건설에 관한 정부 간 협의를 체결하였다.

15

丝绸之路经济带

2100多年前，中国汉代的张骞两次出使西域，开启了中国同中亚各国友好交往的大门，开辟出一条横贯东西、连接欧亚的丝绸之路。千百年来，在这条古老的丝绸之路上，各国人民共同谱写出千古传诵的友好篇章。为了使欧亚各国经济联系更加紧密、相互合作更加深入、发展空间更加广阔，2013年9月7日，习近平主席在哈萨克斯坦纳扎尔巴耶夫大学发表演讲时提出，用创新的合作模式，共同建设丝绸之路经济带，以点带面，从线到片，逐步形成区域大合作。丝绸之路经济带东边牵着亚太经济圈，西边系着发达的欧洲经济圈，被认为是"世界上最长、最具有发展潜力的经济大走廊"。

실크로드의 경제 띠

2100년 전 중국 한(漢)나라의 장건(張騫)은 사절로 두 번씩이나 중앙 아시아로 가면서 중국과 중앙아시아 각국 간의 우호교류의 문을 열었 고, 동서를 관통하고 유럽과 아시아를 연결하는 실크로드를 개척하였 다. 천백년 동안 이 유구한 실크로드에서 각 나라 국민들은 공동으로 천고에 전해지고 있는 우호적인 역사를 써 내려왔다. 유럽과 아시아 각 국 간의 경제관계를 더욱 긴밀히 하고, 서로 간의 협력을 더욱 깊게 하 며, 발전의 공간을 더욱 넓히기 위하여, 시진핑 중국 국가주석은 2013 년 9월 7일 카자흐스탄 나자르바예브 대학에서 연설할 때, 혁신적 협력 모델로 "실크로드 경제지대"를 공동으로 건설하자고 제의하였다. 이것 은 점으로부터 선으로, 선으로부터 면으로 이어지듯 점차적으로 큰 지 역협력을 이루자는 메시지였다. 실크로드 경제지대는 동쪽으로 아시아 태평양 경제권, 서쪽으로 발전된 유럽경제권과 연결되어 있어서 "세계 에서 가장 길고, 가장 잠재력이 있는 경제회랑"으로 평가 받고 있다.

21世纪海上丝绸之路

自秦汉时期开通以来，海上丝绸之路一直是沟通东西方经济文化交流的重要桥梁。东南亚地区是海上丝绸之路的重要枢纽和组成部分。在中国与东盟建立战略伙伴关系10周年之际，为了进一步加强双方的海上合作，发展双方的海洋合作伙伴关系，构建更加紧密的命运共同体，2013年10月3日，习近平主席在印度尼西亚国会发表演讲时提出，共同建设21世纪海上丝绸之路。21世纪海上丝绸之路的战略合作伙伴并不仅限于东盟，而是以点带线，以线带面，串起联通东盟、南亚、西亚、北非、欧洲等各大经济板块的市场链，发展面向南海、太平洋和印度洋的战略合作经济带。

21세기의 해상실크로드

진(秦)나라와 한(漢)나라 때부터 개통된 해상실크로드는 줄곧 동서양의 경제·문화교류의 교량 역할을 해왔다. 동남아지역은 예로부터 해상 실크로드의 중요한 중추적 지역과 구성 부분이었다. 중국과 아세안의 전략적 동반자 관계 구축 10주년을 즈음하여 쌍방의 해상협력을 강화하고, 해양을 통한 동반자 관계를 발전시키며, 더 긴밀한 운명공동체를 구축하기 위해 시진핑 중국 국가주석은 2013년 10월 3일 인도네시아 국회에서 연설할 때, 함께 '21세기 해상실크로드'를 건설하자고 제의하였다. 21세기 해상실크로드의 전략적 협력동반자는 아세안에 국한되는 것만이 아니라, 점으로부터 선으로, 선으로부터 면으로 확대되어 가듯이 아세안, 남아시아, 서아시아, 북아프리카, 유럽 등 큰 경제블록을 연결하는 시장 체인이자 남중국해·태평양·인도양을 지향하는 전략적 협력 경제벨트이다.

丝路精神

丝绸之路不仅是商业通道，更重要的是它所承载的丝路精神。丝绸之路作为人文社会的交往平台，多民族、多种族、多宗教、多文化在此交汇融合，在长期交往过程中，各国之间形成了"团结互信、平等互利、包容互鉴、合作共赢，不同种族、不同信仰、不同文化背景的国家可以共享和平，共同发展"的丝路精神。这一精神，也是现代国际社会交往的最基本原则之一。

실크로드정신

실크로드는 하나의 무역 통로일 뿐만 아니라 더 중요한 것은 여기에 녹아 있는 "실크로드 정신"이다. 실크로드는 인문사회 교류의 플랫폼으로서 여러 민족·여러 종족·여러 종교·여러 문화가 여기에 교류·융합되어 있다. 장기적인 교류과정에서 각 나라 사이에는 '실크로드 정신'이라는 것이 형성되었다. 즉 "서로 단결하고 신뢰하며, 평등하고 호혜 하며, 포용하고 상호 참조하며, 서로 협력하고 상생하며, 종족이 서로 다르고 신앙이 서로 다르며 문화배경도 서로 다른 국가들이 평화를 공유하고 공동적으로 발전한다"는 정신이다. 이 '실크로드 정신'은 현대 국제사회 교류의 기본 원칙 중의 하나이기도 하다.

丝路基金

2014年11月8日，习近平主席宣布，中国将出资400亿美元成立丝路基金。2014年12月29日，丝路基金有限责任公司在北京注册成立。丝路基金为"一带一路"沿线国基础设施建设、资源开发、产业合作等有关项目提供投融资支持。它同其他全球和区域多边开发银行的关系是相互补充而不是相互替代的。它将在现行国际经济金融秩序下运行、丝路基金绝非简单的经济援助，而是通过互联互通为相关国家的发展创造新的重大发展机遇。丝路基金是开放的，欢迎亚洲域内外的投资者积极参与。

실크로드 기금

2014년 11월 8일 시진핑 중국 국가주석은 중국이 400억 달러를 출자하여 '실크로드 기금'을 조성할 것을 선언하였다. 2014년 12월 29일 '실크로드 기금' 유한회사가 베이징에 설립되었다. '실크로드 기금'은 '일대일로' 주변 국가들에게 인프라건설, 자원개발, 산업협력 등 프로젝트와 관련된 사업을 위해 융자형식의 지원을 제공한다. 이 기금은 현존 국제경제금융의 질서 아래 운용되고, 글로벌 및 지역의 다자 개발은행과 상호보완적인 관계이지 서로 대체하는 관계는 아니다. 또한 '실크로드 기금'은 간단한 경제원조가 아니라 상호연결을 통하여 관련 국가의 발전을 위해 중요한 기회를 제공해 주는 것이다. 실크로드 기금은 개방적이기 때문에 아시아지역 뿐만이 아니라, 다른 지역 투자자들의 적극적인 참여도 환영한다.

亚洲基础设施投资银行

2013年10月，中国国家主席习近平提出了筹建亚洲基础设施投资银行(简称亚投行)的倡议。在历经800余天筹备后，由中国倡议成立、57国共同筹建的亚投行于2015年12月25日在北京宣告成立。2016年1月16日，亚投行举行了开业仪式，习近平主席出席并致辞。亚投行是一个政府间性质的区域多边开发机构，重点支持基础设施建设，这是首个由中国倡议设立的多边金融机构。截止到2017年3月底，共有70个成员，总成员数仅次于世界银行，涵盖了西方七国集团中的5个、二十国集团中的15个和联合国安理会常任理事国中的4个。亚投行初期投资重点领域包括能源与电力、交通和电信、农村和农业基础设施、供水与污水处理、环境保护、城市发展以及物流等，首批贷款计划已于2016年6月获准。

아시아 인프라투자은행
(Asian Infrastructure Investment Bank, ALLB)

2013년 10월 시진핑 중국 국가주석은 아시아 인프라 투자은행('아시아 투자은행'으로 약칭)을 설립하자고 제의하였다. 800여 일의 준비를 거쳐 중국이 제창하고 57개 국가들이 공동으로 준비하여 창설한 아시아 투자은행이 2015년 12월 25일 베이징에서 설립되었다. 2016년 1월 16일 아시아 투자은행은 시진핑 주석이 오픈 식에 참석하여 축사를 하였다. 아시아 투자은행은 정부 간 성격의 지역 다자 개발기구로서 인프라의 건설을 중점적으로 지원한다. 이 은행은 또한 중국의 제창에 따라 설립한 첫 다자 간 금융기구이다. 2017년 3월말 현재 구성원 수가 70개에 달하여 세계은행에 이어 두 번째로 구성원이 가장 많은 금융기구가 되었다. 구성원은 G7 중 5개국, G20 중 15개국 및 유엔 안보리 상임이사국 중 4개국을 포함하고 있다. 아시아 투자은행의 초기 중점 투자분야는 에너지와 전력, 교통과 텔레콤, 농촌과 농업기반시설, 물 공급과 오수처리, 환경보호, 도시발전 및 물류 등이다. 첫 번째 차관계획은 이미 2016년 6월에 심사 통과된 바 있다.

推进"一带一路"建设工作领导小组

　　"一带一路"建设是一项宏大系统工程，仅在中国国内，它所涉及的政府机构、企业和社会组织就非常广泛，"一带一路"建设的很多项目跨越时间也很长，因此需要加强组织和领导，统筹做好各方面的工作。为此，中国政府专门成立了推进"一带一路"建设工作领导小组，负责审议"一带一路"建设工作的重大规划、政策、项目和相关问题，指导和协调落实"一带一路"合作倡议。该领导小组组长由中共中央政治局常委、国务院副总理张高丽担任。外交部、商务部等是该小组的成员单位。该小组办公室设在国家发展改革委员会，具体承担领导小组日常工作。此外，在中国的相关部委和省(自治区、直辖市)政府层面，也成立了推进"一带一路"建设工作领导小组，一般是由相关部委和省(自治区、直辖市) 主要领导担任负责人。

'일대일로' "건설 추진 사업지도 소조"

'일대일로' 건설은 매우 웅대한 시스템적 사업으로 중국 국내만 해도 매우 광범위한 정부기구와 기업 및 사회조직들과 연관되어 있다. 또한 '일대일로' 건설 중 많은 프로젝트들에 소요된 시간이 매우 길다. 따라서 조직과 지도를 강화하고 각 분야의 사업들을 잘 통합하는 것이 필수적이다. 이를 위해 중국 정부는 '일대일로' "건설 추진 사업지도 소조"를 설립하여 '일대일로' 건설 사업의 중대 계획 과 정책, 프로젝트 및 관련 문제를 전문적으로 심사하고, '일대일로'에 관련된 각종 협력제안의 지도와 조율 및 집행을 맡도록 하였다. 이 지도 소조의 조장은 중국공산당 중앙정치국 상무위원이자 국무원 부총리인 장까오리(張高麗)가 맡고 있으며, 외교부와 상무부는 이 지도소조의 구성원이다. 이 지도 소조의 사무실은 국가발전개혁위원회 내에 설립되어 있으며, 발전개혁위원회가 소조의 일상 업무를 담당한다. 이 밖에 중국 정부의 각 부서 및 각 성(省), 자치구, 직할시 차원에도 '일대일로' "건설 추진 사업지도 소조"가 설립되어 있고, 성, 자치구, 직할시의 주요 지도자들이 책임을 맡고 있다.

《推动共建丝绸之路经济带和21世纪海上丝绸之路的愿景与行动》

　　2015年3月28日,《推动共建丝绸之路经济带和21世纪海上丝绸之路的愿景与行动》白皮书在博鳌亚洲论坛上正式发布。这份官方文件得到国务院授权, 由国家发展改革委员会、外交部和商务部共同编写。该文件简明扼要地阐述了"一带一路"倡议的背景、原则、框架思想、合作重点与机制等。文件强调,"一带一路"建设坚持共商、共建、共享原则, 以实现"政策沟通、设施联通、贸易畅通、资金融通、民心相通"为主要内容。"一带一路"建设始终秉持开放包容、互利共赢的理念, 不是中国一家独奏, 而是沿线国家的大合唱。此外, 该白皮书还就中国新疆、福建等相关省份在"一带一路"建设中的角色定位进行了介绍。这份文件在制定过程中, 充分听取了"一带一路"沿线国家和相关国际组织的建议, 也吸收了中国国内各界人士的意见, 是集聚各方智慧的成果。当然, 这份白皮书仅是针对"一带一路"提出了方向性、框架性、意向性的设计, 未来中国还将与"一带一路"的相关参与方进一步完善和细化。

「실크로드 경제 띠와 21세기 해상실크로드의 공동건설을 추진하는 비전과 행동」백서

2015년 3월 28일 「실크로드 경제지대와 21세기 해상실크로드의 공동건설을 추진하는 비전과 행동」백서가 보아오(博鰲) 아시아포럼에서 공식 발표되었다. 이 공식 문서는 중국 국무원의 주도하에 국가발전개혁위원회와 외교부, 상무부가 공동으로 집필한 것이다. 이 문서는 '일대일로' 이니셔티브의 배경, 원칙, 윤곽과 사상, 협력의 중점과 메커니즘 등을 간명(簡明)하게 소개하였다. 문서는 '일대일로'의 건설은 공상(共商, 공동협상), 공건(共建, 공동건설), 공향(共享, 공유)을 원칙으로 하고, 정책소통(政策溝通), 시설연결(設施聯通), 무역원활(貿易暢通), 자금융통(資金融通), 민심상통(民心相通) 등을 주요 내용으로 하고 있다고 강조하였다. '일대일로' 건설은 시종 개방과 포용, 호혜와 상생의 이념을 고수하기 위해 중국의 독창이 아닌, '일대일로' 주변 국가들과 대합창을 하게 될 것이다. 이 밖에 백서는 중국 신장(新彊), 푸젠(福建) 등 관련 성(省)들과 지역의 역할과 포지셔닝(positioning, 소비자의 마음속에 자사제품이나 기업을 가장 유리한 포지션에 있도록 노력하는 과정ㆍ역자 주)에 대해서도 소개하였다. 이 문서를 제정하는 과정에서 '일대일로' 주변 국가들과 관련 국제조직들의 의견과 중국 국내 각계 인사들의 의견을 충분히 수렴하였기 때문에, '지혜의 집대성'이라 할 수 있다. 물론 이 백서는 단지 '일대일로'에 대해 방향과 윤곽, 의향만을 제시한 것에 불과하지만, 향후 이를 토대로 '일대일로'에 참여하는 국가들과 함께 계속 보완하고 구체화시켜 나갈 것이다.

"五通"

2013年9月7日，习近平主席在哈萨克斯坦纳扎尔巴耶夫大学发表演讲，首次提出加强"政策沟通、道路联通、贸易畅通、货币流通、民心相通"，共同建设"丝绸之路经济带"的战略倡议。2015年3月28日，中国政府在博鳌亚洲论坛2015年年会期间正式发布《推动共建丝绸之路经济带和21世纪海上丝绸之路的愿景与行动》，提出要以"政策沟通、设施联通、贸易畅通、资金融通、民心相通"（简称"五通"）为主要内容，打造"一带一路"沿线国家政治互信、经济融合、文化互容的利益共同体、责任共同体和命运共同体。在"一带一路"建设全面推进过程中，"五通"既相互独立，在不同时间阶段各有重点，也是统一整体，需要相互促进，不可分割。

'오통(五通)'

2013년 9월 7일 시진핑 중국 국가주석은 카자흐스탄 나자르바예브 대학에서 연설하면서 처음으로 정책소통(政策溝通)·도로연결(道路聯通)·무역원활(貿易暢通)·화폐유통(貨幣流通)·민심상통(民心相通)을 강화하여 공동으로 '실크로드 경제지대'를 건설하자는 전략적 제의를 하였다. 2015년 3월 28일 중국 정부는 2015년 보아오(博鰲) 아시아포럼 연례회의에서 「실크로드 경제지대와 21세기 해상실크로드의 공동건설을 추진하는 비전과 행동」이라는 백서를 공식적으로 발표하였다. 이 백서는 정책소통·시설연결·무역원활·자금융통·민심상통을 주요 내용으로 하여 '일대일로' 주변 국가들과 정치적으로 서로 신뢰하고 경제적으로 소로 융합하며 문화적으로 서로 포용하는 이익공동체·책임공동체·운명공동체를 건설하자고 제의하였다. '일대일로' 건설을 전면적으로 추진하는 과정에서, 이 '오통'은 서로 독립하여 일정한 시간과 단계에서 역점이 다르면서도 서로를 촉진시키는 불가분의 통일체이다.

건설목표
- 建设目标 -

利益共同体

　　"一带一路"沿线国家的总人口约44亿，经济总量约21万亿美元，分别占世界的63%和29%。受资源禀赋、产业基础、历史条件等因素的制约，各国之间发展不平衡，而且大部分为发展中国家。"一带一路"贯穿欧亚非大陆，东牵发展势头强劲的东亚经济圈，西连发达的欧洲北美经济圈，有望建成世界跨度最大、最具活力、发展前景看好的经济走廊，形成沿线国家经济利益对接整合的格局，"一带一路"建设旨在激发沿线各国发挥比较优势，将经济互补性转化为发展推动力。通过沿线国家的互联互通和贸易投资便利化等深度国际经济合作，打造世界经济新的增长极，最终实现互利共赢。

이익공동체

'일대일로' 주변 국가들의 총인구는 44억 명이고, 경제규모는 21조 달러로 전 세계의 63%와 29%를 차지하고 있다. 그러나 자원·산업기반·역사적 조건 등 여러 요소의 제한으로 인해 각 국 간의 발전수준이 균형적이지 못한 상황이다. 또한 대부분의 국가들이 발전도상국 상황에 처해 있다. '일대일로'는 유라시아대륙을 관통하여 동쪽은 발전도가 강한 동아경제권과 연결되어 있고, 서쪽은 발전된 유럽·북미경제권과 잇닿아 있다. 따라서 세계에서 가장 범위가 넓고 가장 활력이 넘치며 가장 전망이 밝은 경제회랑을 만들 가능성이 클 뿐만 아니라, '일대일로' 주변 국가들의 경제이익이 맞물리는 통합된 판도도 형성될 수 있다. '일대일로' 건설의 취지는 '일대일로' 주변 국가들의 비교우위를 갖추고 있는 실력을 발휘하여 경제적 상호 보완을 발전의 추동진으로 전환시키고, 이들 국가 간의 상호연결과 무역투자의 편리화 등 깊이 있는 국제경제협력을 통하여, 세계경제의 새로운 성장점을 구축함으로써 궁극적으로 호혜 상생(互惠相生)의 목적을 실현시키는 데 있다.

责任共同体

"一带一路"倡议由中国提出，但需要沿线国家和相关国家共同参与建设。在推动落实倡议的过程中，相关各方会有不同侧重的利益考虑，也会遇到各种难以预料的问题，这就需要大家集思广益。各国须携手应对面临的挑战，合力化解存在的威胁，共同承担产生的责任。当然，由于各国参与的深度和方式有所不同，承担的责任也不尽相同。中国领导人多次表态，"一带一路"建设不是中国的后花园，而是百花园；不是中国的独奏曲，而是各方的协奏曲。作为倡议方，中国会诚心诚意对待沿线国家，做到言必信、行必果，承担起应尽的责任。

책임공동체

　중국이 비록 '일대일로' 정책을 제기했지만, 이 정책의 성공을 위해서는 '일대일로' 주변 국가와 관련국들의 참여가 필수적이다. '일대일로'의 이니셔티브(어떤 목표를 달성하기 위한 이행과제 또는 실행계·역자 주)를 추진하고 실천하는 과정에서, 관련 국가나 기구들이 각각 서로 다른 이익에 대한 욕구가 있을 수 있고, 동시에 각종 예측불허의 난제들과 조우할 수도 있다. 따라서 참여하는 모든 기구나 국가들이 반드시 지혜를 모아야 하고, 공동으로 직면하는 각종 도전에 대비하며, 힘을 합쳐서 존재하는 리스크를 해소해야 하고, 이에 따른 책임도 함께 져야 한다. 물론 각 나라의 참여 정도에는 차이가 있으며, 또한 참여방식도 다르기 때문에 져야 할 책임도 각각 다를 수 있다. 중국의 지도자들은 '일대일로'가 중국 자신만을 위한 정원을 만들려는 것이 아니라 모든 국가를 위한 백화원(白花園)을 만들자는 것이며, 중국의 독주(獨奏)를 위한 곡을 만들려는 것이 아니라, 각국이 함께 할 수 있는 협주곡을 만들자는 것임을 여러 차례 밝힌 바 있다. '일대일로'를 제의하는 국가인 중국은 성심성의껏 '일대일로' 주변의 국가들을 대우해 주고, 한 말은 반드시 지킬 것이며, 행동에는 반드시 결과가 있도록 책임을 다할 것이라고 천명한 바 있다.

命运共同体

在党的十八大报告中，"命运共同体"作为一种促进中国与世界实现合作共赢关系的理念被明确提出。此后，"命运共同体"逐渐成为中国外交的核心理念之一，也是"一带一路"建设的重要目标。"命运共同体"强调整体思维，推崇共生共荣的关系，追求持久和平和共同繁荣。一个国家的命运要掌握在本国人民手中，世界的前途命运必须由各国共同掌握，各国在追求本国利益时兼顾别国利益，在追求自身发展时兼顾别国发展。"一带一路"建设背后体现的正是这种"命运共同体"思想。通过"一带一路"构建命运共同体，需要建立在利益共同体和责任共同体的基础之上。一方面，要在经贸和投资领域不断扩大利益交汇点，把经济的互补性转化为发展的互助力；一方面，各国需要共同担负解决国际性难题的责任，共同打造互利共赢的合作架构。

운명공동체

중국공산당 제18차 당 대회 보고서에서 '운명공동체'를 중국과 세계의 협력 상생관계를 촉진시키는 이념으로서 명확하게 밝혔다. 그 후부터 '운명공동체'는 점차 중국 외교의 핵심이념 중의 하나이자 '일대일로' 건설의 중요한 목표가 되었다. '운명공동체'라는 이념은 전반적인 사고를 강조하고 상생 공영(共榮)의 관계를 숭상하며, 항구적 평화와 공동번영을 추구한다. 한 국가의 운명은 자국 국민이 결정해야 하며, 세계의 미래와 운명은 각국이 공동으로 결정해 나가야 한다. 각 나라는 자국의 이익을 추구하는 동시에 반드시 타국의 이익도 고려해야 하고, 자신의 발전을 도모하는 동시에 타국의 발전도 고려해야만 한다. '일대일로' 건설은 바로 이러한 '운명공동체'의 사상을 구현하려는 것이다. '일대일로'를 통하여 운명공동체를 건설하려면 이익공동체와 책임공동체라는 기초 위에서 생각해야 한다. 그러기 위해서는 경제무역과 투자분야에서 이익교차점을 부단히 확대하여 경제의 상호 보완성을 협력발전의 추진력으로 전환시키는 한편, 공동으로 국제적 난제의 해결을 위해 책임을 다하여 호혜 상생의 협력 모델을 구축토록 해야 할 것이다.

绿色丝绸之路

环境问题是人类社会面临的共同问题。2016年6月22日，习近平主席在乌兹别克斯坦最高会议立法院发表演讲时指出，要着力深化环保合作，践行绿色发展理念，加大生态环境保护力度，携手打造绿色丝绸之路。此前中国公布的《推动共建丝绸之路经济带和21世纪海上丝绸之路的愿景与行动》也明确提出，强化基础设施绿色低碳化建设和运营管理，在建设中充分考虑气候变化影响，在投资贸易中突出生态文明理念，加强生态环境、生物多样性和应对气候变化合作，共建绿色丝绸之路。绿色丝绸之路体现了可持续发展的理念，它要求在"一带一路"建设中秉承绿色和环保理念，正确处理经济增长和环境保护的关系，充分考虑沿线国家的生态承载能力，共建一个良好的生态环境。"一带一路"建设已将生态环保、防沙治沙、清洁能源等列为重点发展产业，绿色丝绸之路面临发展良机。

녹색성장의 실크로드

환경문제는 인류사회가 직면한 공동의 과제이다. 2016년 6월 22일 시진핑 중국 국가주석은 우즈베키스탄 최고회의 입법원 연설에서 환경 분야의 협력을 강화하고, 녹색발전의 이념을 실천하며, 생태환경보호를 강화하여 공동으로 녹색실크로드를 만들어 나가야 한다고 역설하였다. 이에 앞서 중국 정부가 발표한 「실크로드 경제지대와 21 세기 해상 실크로드의 공동건설을 추진하는 비전과 행동」 백서에서도 인프라의 녹색저탄소 건설과 운영관리를 강화하고 건설과정에서 기후에 대한 영향을 충분히 고려하며, 투자무역 과정에서 생태문명의 이념을 강조하고, 생태환경, 생물다양성과 기후변화 등 대비 분야에서의 협력을 강화하여 함께 녹색실크로드를 만들어야 한다고 명확하게 밝혔다. 녹색실크로드의 건설은 지속 가능한 발전이념을 구현하자는 것으로 '일대일로' 건설과정에서 녹색과 환경보호의 이념을 고수하고, 경제성장과 환경보호 간의 관계를 원만하게 처리하며, '일대일로' 주변국가의 생태 감당능력을 충분히 고려하여 함께 양호한 생태환경을 구축할 것을 요구한 것이다. '일대일로' 건설계획은 이미 생태환경보호, 사막화의 방지와 퇴치, 청정에너지 등을 중점산업으로 규정하였다. 녹색실크로드의 건설은 발전의 호기를 맞고 있는 것이다.

健康丝绸之路

推进全球卫生事业，是落实2030年可持续发展议程的重要组成部分。2016年6月22日，习近平主席在乌兹别克斯坦最高会议立法院发表演讲时提议，着力深化医疗卫生合作，加强在传染病疫情通报、疾病防控、医疗救援、传统医药领域互利合作，携手打造健康丝绸之路。2017年1月18日，中国政府与世界卫生组织签署了双方关于"一带一路"卫生领域合作的谅解备忘录。健康丝绸之路的主要目标是提高"一带一路"沿线国家整体的健康卫生水平。主要措施包括:沿线国家加强在卫生体制政策、卫生领域相关国际标准和规范的磋商和沟通，加强重点传染病防控合作，加强人员培训，推动更多中国生产的医药产品进入国际市场，使质优价廉的中国医药产品造福"一带一路"国家人民，等等。

건강한 협동의 실크로드

전 세계의 건강산업을 추진하는 것은 유엔 "2030 지속 가능한 발전 어젠다"를 실천하는 중요한 내용이다. 2016년 6월 22일 시진핑 중국 국가주석은 우즈베키스탄 최고회의 입법원 연설에서 의료건강분야의 협력, 즉 전염병 정보 공유, 질병예방 및 통제, 의료구조, 전통의약 분야의 호혜협력을 강화하여 공동으로 건강실크로드를 건설하자고 제의하였다. 2017년 1월 18일 중국 정부는 세계보건기구(WHO)와 '일대일로' 건강분야의 양해각서를 조인하였다. 건강 실크로드의 주요 목표는 '일대일로' 주변 국가의 의료 건강수준을 향상시키자는 데 있다. 그러기 위한 주요 조치는 다음과 같다. '일대일로' 주변국가 간의 의료건강체제와 정책, 건강분야의 국제기준과 규범의 협상과 소통의 강화, 주요 전염병의 예방과 통제에 대한 협력 강화, 인력교육의 강화, 더 많은 중국산 의약제품의 국제시장 진출, '일대일로' 주변국가 국민들의 복지향상을 위한 품질 좋고 가격이 저렴한 중국 의약품의 제공 등이다.

智力丝绸之路

推进"一带一路"战略，人才是关键。2016年6月20日，习近平主席在华沙出席丝路国际论坛时提出，智力先行，强化智库的支撑引领作用。加强对"一带一路"建设方案和路径的研究，在规划对接、政策协调、机制设计上做好政府的参谋和助手，在理念传播、政策解读、民意通达上做好桥梁和纽带。两天后的6月22日，他在乌兹别克斯坦最高会议立法院发表演讲时明确提出，中方倡议成立"一带一路"职业技术合作联盟，培养培训各类专业人才，携手打造智力丝绸之路。智力丝绸之路的主要目标是推进沿线国家人才培养和智力交流。"一带一路"沿线国家人才短缺的问题不同程度地存在。在"一带一路"建设推进过程中，也会面临很多新问题、新挑战，更需要越来越多的智力和人才支持，需要各方相互学习、取长补短，共同提出解决方案。

혁신(智力)의 실크로드

'일대일로' 건설을 추진하는 데는 인재가 관건이다. 2016년 6월 20일 시진핑 중국 국가주석은 바르샤바에서 실크로드국제포럼에 참석했을 때, 지력이 선행되어야 하고, 싱크탱크의 지지와 리더 역할을 강화해야 한다고 하면서 '일대일로' 건설방안과 경로에 대한 연구를 강화하고 싱크탱크들로 하여금 계획의 접목, 정책의 조율, 메커니즘 조성 등의 분야에서 정부의 참모와 조력자 역할을 돈독히 하도록 하며, 이념의 전파, 정책의 해설, 민심의 표출 등의 분야에서 교량과 유대역할을 하도록 해야 한다고 역설하였다. 이틀 뒤인 6월 22일 시진핑 주석은 우즈베키스탄 최고회의 입법원에서 연설하면서 '일대일로' 직업기술협력연맹을 설립해 각종 전문 인재를 훈련 양성하여 공동으로 지력의 실크로드를 건설하자고 제의하였다. 지력의 실크로드가 주요 목표로 하는 것은 '일대일로' 주변국가의 인재양성과 브레인 교류를 추진하자는 데 있다. '일대일로' 주변의 국가들은 정도의 차이는 있지만 모두가 인재 부족의 문제를 안고 있는 실정이다. 이는 '일대일로' 건설을 추진하는 과정에서 많은 새로운 문제와 도전들을 직면하게 되는 요인이 될 것이다.

따라서 더 많은 지혜와 인재의 지지가 필요하고, 모든 국가들이 서로 배우고 참조하며 장단점을 서로 보완하여 공동으로 해결방안을 도출해 나가야 할 것이다.

和平丝绸之路

　　"一带一路"沿线，尤其是丝绸之路经济带沿线，面临较为严重的恐怖主义、分裂主义和极端主义威胁，部分国家之间的关系较为紧张，时常伴有局部冲突，也有部分国家内部政局不稳。因此，破解地区动荡局势，维护地区和平稳定，对于"一带一路"建设至关重要。2016年6月22日，习近平主席在乌兹别克斯坦最高会议立法院发表演讲时提出，着力深化安保合作，践行共同、综合、合作、可持续的亚洲安全观，推动构建具有亚洲特色的安全治理模式，携手打造和平丝绸之路。和平丝绸之路包含两个基本内涵：一是"一带一路"建设必须在相对和平的环境里进行；二是"一带一路"建设能促进地区和平稳定。以发展促和平促安全，这是中国提出的思路，也是被实践证明很有成效的办法。

평화의 실크로드

'일대일로' 주변, 특히 실크로드 경제지대 주변 국가들은 심각한 테러리즘, 분열주의, 극단주의의 위협에 직면하고 있고, 일부 국가 간의 관계는 긴장 상태에 놓여 있다. 이러한 원인으로 인해 종종 국지적 충돌이 나타나고 있으며, 또한 일부 국가는 정치가 매우 불안한 상황에 직면해 있다. 따라서 '일대일로' 건설에 있어서 불안한 지역정세를 해소하고, 지역의 평화와 안정을 유지하는 것은 무엇보다도 중요하다. 2016년 6월 22일 시진핑 중국 국가주석은 우즈베키스탄 최고회의 입법원에서 연설할 때, 안보협력을 강화하고 공동, 종합, 협력, 지속 가능한 아시아 안보관을 실천하며, 아시아적 특색이 있는 안보관리 모델을 구축하여 평화실크로드를 건설하자고 제의하였다. 평화실크로드는 두 가지의 중요한 내용을 포함하고 있다. 하나는 '일대일로' 건설이 반드시 상대적으로 평화적인 환경 속에서 추진되어야 하고, 또 다른 하나는 '일대일로' 건설을 통해 지역의 평화와 안정을 촉진시킬 수 있다는 것이다. 발전을 통하여 평화와 안정을 촉진시키는 것은 중국의 발상이자 실천을 통해 입증된 매우 효과적인 방법이기 때문이다.

협력중점
- 合作重点 -

政策沟通

政策沟通是"一带一路"建设的重要保障。政策沟通的基本含义是：在深化利益融合、促进政治互信并达成合作新共识的前提下，本着求同存异的原则，沿线各国积极构建政府间宏观政策沟通的交流机制，就经济发展战略和对策进行充分交流对接，共同制定推进区域合作的规划和措施，协商解决合作中的问题，共同为务实合作及大型项目实施提供政策支持，从而形成趋向一致的战略、决策、政策和规则，结成更为巩固的命运共同体。

정책의 소통

정책 소통은 '일대일로' 건설의 중요한 보장 요건이다. 정책 소통의 기본 의미는 다음과 같다. 이익 융합을 심화시키고, 정치적 상호 신뢰를 증진하며, 협력에 관한 공동인식을 달성한다는 전제 아래, 구동존이(求同存異, 공통점을 찾아내고 이견을 보류하다-역자 주)의 원칙에 입각하여 '일대일로' 주변 국가들이 정부 간 거시정책 소통 교류 메커니즘을 구축하여 경제발전전략과 대책에 대한 충분한 교류와 접목을 하고, 공동으로 지역협력 계획과 조치를 제정한다. 또한 협상을 통하여 협력과정에서 나타난 문제를 해결하고, 실무적인 협력과 대형 프로젝트의 실시를 위해 정책적 지원을 제공한다. 이를 통하여 방향성이 같은 전략, 결정, 정책과 규칙을 제정하여 튼튼한 운명공동체를 결성한다.

设施联通

基础设施互联互通是"一带一路"建设的优先领域。在尊重相关国家主权和安全关切的基础上，推动沿线各国加强基础设施建设规划、技术标准体系的对接，共同推进国际骨干通道建设，逐步形成连接亚洲各区域以及亚欧非之间的基础设施网络。在推进设施联通过程中，还特别强调基础设施的绿色低碳化建设和运营管理，充分考虑气候变化影响。它既包括传统的公路、铁路、航空、航运、管道等的联通，也包括电力、电信、邮政、边防、海关和质检、规划等新领域的联通，从而将活跃的东亚经济圈、发达的欧洲经济圈和经济发展潜力巨大的中间广大腹地国家结成携手发展的利益共同体。

시설의 연결

기반시설의 상호 연결은 '일대일로' 건설의 우선 분야이다. 관련 국가의 주권과 안보 관심사를 존중하는 것을 바탕으로 하여 '일대일로' 주변 국가들의 인프라 건설계획, 기술기준 체제의 접목을 실현하고 공동으로 국제적 주요 통로의 건설을 추진하며, 아시아지역 및 아시아·유럽·아프리카를 연결하는 인프라 네트워크를 조성한다. 시설 연결을 추진하는 과정에서 특별히 강조되는 부분은 인프라의 녹색 저탄소 건설과 운영관리 및 기후에 대한 영향이다. 시설의 연결은 전통의 도로, 철도, 항공, 항운, 파이프라인의 연결이 포함될 뿐만 아니라, 전력, 텔레콤, 우정, 출입국 검사, 세관, 검역검사, 기획 등 새로운 분야까지도 모두 아우르게 된다. 이를 통하여 활력이 넘치는 동아시아 경제권, 발전된 유럽 경제권, 나아가 경제발전 잠재력이 크고, 그 사이에 위치한 광활한 지역의 많은 나라들을 연결시켜 공동으로 발전할 수 있는 이익 공동체를 구성한다.

贸易畅通

贸易畅通是"一带一路"建设的重点内容，旨在激发释放沿线国家的合作潜力，做大做好合作"蛋糕"。采取的措施主要包括：沿线国家共同建设自由贸易网络体系，消除投资和贸易壁垒，促进贸易和投资便利化；共同商建自由贸易区，构建区域内和各国良好的营商环境，激发释放合作潜力；共同提高技术性贸易措施透明度，降低非关税壁垒，提高贸易自由化便利化水平；共同拓宽贸易领域，优化贸易结构，挖掘贸易新增长点，促进贸易平衡；把投资和贸易有机结合起来，以投资带动贸易发展，在投资贸易中突出生态文明理念，加强生态环境、生物多样性和应对气候变化合作，共建绿色丝绸之路；共同优化产业链、价值链、供应链和服务链，促进沿线国家和地区产业互补、互动与互助；共同探索新的开放开发之路，形成互利共赢、多元平衡、安全高效的开放型经济体系。

원활한 무역

원활한 무역은 '일대일로' 건설의 중점 내용이다. 그 취지는 '일대일로' 주변 국가들의 협력 잠재력을 발굴하고 그 힘을 발휘케 하여 협력의 '케이크'를 더 크게 잘 만들자는데 있다. 원활한 무역을 위한 조치들은 다음과 같다. 첫째, '일대일로' 주변 국가들이 공동으로 자유무역 네트워크를 구축하고, 투자와 무역장벽을 제거하여, 무역과 투자의 편리화를 촉진시킨다. 둘째, 공동으로 자유무역구를 설립하고, 역내 국가 간의 양호한 사업 환경을 조성하여 협력의 잠재력을 방출토록 한다. 셋째, 공동으로 기술무역 조치의 투명도를 향상시키고, 비관세 장벽을 낮춰 무역자유화와 편리화의 수준을 향상시킨다. 넷째, 공동으로 무역의 영역을 넓히고, 무역구조를 최적화하며, 무역의 새로운 성장점을 발굴하고, 무역균형을 촉진시킨다. 다섯째, 투자와 무역을 유기적으로 결합시켜 투자로써 무역의 발전을 유도한다. 여섯째, 투자무역에서 생태문명의 이념을 강조하고, 생태환경·생물의 다양성과 기후변화 대비 등의 분야에서 협력을 강화하여 공동으로 녹색실크로드를 건설한다. 일곱째, 산업체인, 가치체인, 공급체인, 서비스 체인을 최적화하여 '일대일로' 주변 국가와 지역산업의 상호 보완·상호작용과 공조를 촉진시킨다. 여덟째, 공동으로 새로운 개방과 개발의 길을 모색하고, 호혜를 통해 상생하고, 다차원적인 평형, 안전하고 효율성 높은 개방적 경제체제를 구축한다.

资金融通

资金融通是"一带一路"建设的重要支撑。主要举措包括：沿线国家深化金融合作，推进亚洲货币稳定体系、投融资体系和信用体系建设，通过提供更多惠及各方的公共金融产品，推动金融系统化；共同推进亚洲基础设施投资银行、金砖国家开发银行筹建，加快丝路基金组建运营，发挥丝路基金以及各国主权基金在"一带一路"重点项目建设中的资金引导作用；扩大沿线国家双边本币结算和货币互换的范围和规模，推动亚洲债券市场的开放和发展，支持沿线国家政府和信用等级较高的企业及金融机构在中国境内发行人民币债券，符合条件的中国境内金融机构和企业可以在境外发行人民币债券和外币债券，发挥各国融资作用；深化银行联合体务实合作，以银团贷款、银行授信等方式开展多边金融合作，引导商业股权投资基金和社会资金参与"一带一路"重点项目共建;加强金融监管合作，完善风险应对和危机处置的制度安排，构建区域性金融风险预警系统，形成应对跨境风险和危机处置的交流合作机制，助推经贸合作深化发展。

자금의 융통

자금융통은 '일대일로' 건설의 중요한 버팀목이다. 주요 조치는 다음과 같다. 첫째, '일대일로' 주변 국가들은 금융 협력을 강화하여 아시아의 통화안정체제·투자와 융자체제 및 신용 체제의 구축을 촉진시킨다. 각국에 유리한 공공 금융제품을 더 많이 개발하여 금융의 시스템화를 촉진시킨다. 둘째, 공동으로 아시아 인프라 투자은행, 브릭스 개발은행의 설립을 추진하고, 실크로드 기금의 설립 및 운영을 가속화시키며, 실크로드 기금 및 각국의 주권 펀드들이 '일대일로' 중점 프로젝트에서 자금을 유도할 수 있는 역할을 발휘케 한다. 셋째, '일대일로' 주변 국가 간의 본국 통화 결산 및 통화스와프의 범위와 규모를 확대하고, 아시아 채권시장의 개방과 발전을 추진시키며, '일대일로' 주변 국가들과 신용도가 높은 기업 및 금융기구들이 중국 역내에서 인민폐 채권을 발행할 것을 지지한다. 조건에 충족한 중국 역내의 금융기구와 기업들이 역외에서 인민폐 채권과 외환 채권을 발행한다. 이를 통해 각국에서 필요한 융자를 지원할 수 있는 역할을 발휘케 한다. 넷째, 은행 컨소시엄의 실질적 협력을 추진하고, 은행 컨소시엄 차관, 은행 수신 등의 방식으로 다자간 금융협력을 추진하여 상업지분 투자기금과 사회자금의 '일대일로' 중점 프로젝트 공동건설에 대한 참여를 유도한다. 다섯째, 금융에 대한 감독관리를 위한 협력을 강화하여 리스크 관리 및 리스크 처치의 제도적 장치를 보완하고, 지역적 금융리스크 조기경보시스템을 구축하며, 다국적 금융리스크와 리스크 대비 관련 교류 및 협력 메커니즘을 형성케 하여 경제무역 협력의 발전을 촉진시킨다.

民心相通

民心相通是"一带一路"建设的社会根基。作为一项沟通多元文化和众多国家的重大战略构想,"一带一路"能否成功,从根本上取决于民心能否相通,直接体现在沿线国家人民的获得感、认可度和参与度上。为此,沿线各国要传承和弘扬丝绸之路友好合作精神,广泛开展文化交流、学术往来、人才交流、媒体合作、科技合作、青年和妇女交往、志愿者服务等领域的务实合作,增进相互了解和传统友谊,为深化双边和多边合作奠定坚实的民意基础。具体措施包括:加强沿线国家民间组织的交流合作,充分发挥政党、议会交往的桥梁作用,推动沿线国家智库之间开展联合研究、合作举办论坛,加强文化传媒的国际交流合作,促进不同文明和宗教之间的交流对话,等等。

민심의 상통

민심의 상통은 '일대일로' 건설의 사회적 기반이다. 다양한 문화와 수많은 국가들을 소통케 하는 중대한 전략적 구상으로서의 '일대일로'의 성공 여부는 근본적으로 각국 민심의 상통 여부에 달려 있다. 또한 '일대일로'의 성공은 주변 국가 국민들의 성취감·인정도·참여도로 나타난다. 이를 위해 '일대일로' 주변 국가들은 실크로드의 우호협력정신을 계승 선양하고, 문화교류·학술교류·인재교류·미디어 협력·과학기술협력·청년 및 여성교류·자원봉사 등의 분야에서 실질적 협력을 추진토록 해야 하며, 상호 간의 이해와 전통적 친선을 증진시켜 양자 혹은 다자 간 협력을 위해 튼튼한 민심의 기반을 닦아 놓아야 한다. 구체적인 조치는 다음과 같다. 첫째, '일대일로' 주변 국가 민간기구 간의 교류와 협력을 강화한다. 둘째, 정당·의회교류의 교량 역할을 발휘케 한다. 셋째, '일대일로' 주변 국가 싱크탱크 간의 공동연구, 공동포럼 개최를 추진한다. 넷째, 문화미디어의 국제교류와 협력을 촉진시킨다. 다섯째, 서로 다른 문명과 종교 간의 교류와 대화를 촉진시킨다.

'회랑(回廊)'의 건설
- "走廊" 建设 -

中蒙俄经济走廊

2014年9月11日，习近平主席在塔吉克斯坦首都杜尚别举行的首次中蒙俄三国元首会晤期间，提出打造中蒙俄经济走廊的倡议，获得普京总统和额勒贝格道尔吉总统的积极响应。2016年6月23日，三国正式签署《建设中蒙俄经济走廊规划纲要》，这是"一带一路"倡议下的第一个多边合作规划纲要。中蒙俄经济走廊是丝绸之路经济带的重要组成部分，旨在推动"一带一路"倡议同俄罗斯的"欧亚联盟"倡议、蒙古国的"草原之路"倡议实现对接，为三国深化务实合作搭建顶层设计平台，以便发挥三方的潜力和优势，建设和拓展互利共赢的经济发展空间，推动地区经济一体化，提升三国在国际市场上的联合竞争力。中蒙俄经济走廊有两个通道：一是从华北的京津冀到呼和浩特，再到蒙古和俄罗斯；二是从大连、沈阳、长春、哈尔滨到满洲里和俄罗斯的赤塔。该走廊重点关注七大合作领域，即促进交通基础设施发展及互联互通、加强口岸建设和海关及检验检疫监管、加强产能与投资合作、深化经贸合作、拓展人文交流合作、加强生态环保合作、推动地方及边境地区合作，其中交通领域被确定为工作重点。

중·몽·러의 경제회랑(經濟回廊, 경제개발계획)

2014년 9월 1일 타지키스탄공화국의 수도 두샨베에서 열린 제1회 중·몽·러 3국 정상회담 기간 시진핑 중국 국가주석이 중·몽·러 경제회랑을 구축하자고 제의하여, 푸틴 러시아 대통령과 차히야 엘벡도르지 몽골 대통령의 적극적인 호응을 받았다. 2016 년 6월 23일 중국, 몽골, 러시아 3 국이 '일대일로' 이니셔티브가 제의된 후. 첫 다자간 협력계획요강인「중·몽·러 경제회랑 건설에 관한 계획요강」을 공식 체결했다. 중·몽·러 경제회랑은 실크로드 경제지대의 중요한 구성부분으로 '일대일로' 이니셔티브를 러시아의 유라시아연맹 이니셔티브, 몽골의 '초원의 길' 이니셔티브와 접목시켜 3국의 실질적 협력을 강화하기 위해 톱다운 디자인 플랫폼을 구축하고 3자의 잠재력과 우위를 충분히 발휘하여 호혜 상생하는 경제 공간을 확보·확장하며, 지역경제의 일체화를 추진하고 3국의 국제시장에서의 공동 경쟁력을 향상시키는데 그 목적이 있다. 중·몽·러 경제회랑은 2개의 경로를 가지고 있다. 하나는 "중국 북부의 베이징·톈진·허베이에서부터 몽골과 러시아"까지이며, 또 하나는 "중국의 다롄, 선양, 장춘, 하얼빈에서부터 만저우리(滿洲里)를 거쳐 러시아의 치타"로 가는 것이다. 이 경제회랑은 7개의 협력분야에 역점을 두고 있다. 즉 교통 인프라의 발전과 연결을 촉진시키고, 항구 건설, 세관 검역검사의 강화, 생산능력 제고 및 투자 협력, 경제무역 협력의 강화, 인문교류 협력의 확대, 생태환경보호 협력의 강화, 지방 및 국경지역 협력의 추진 등이다. 그 가운데 교통 분야는 이 계획의 중점 사업으로 확정되었다.

新亚欧大陆桥

新亚欧大陆桥是相对"西伯利亚大陆桥"(从俄罗斯东部沿海的符拉迪沃斯托克出发，横穿西伯利亚大铁路通向莫斯科，然后通向欧洲各国)而言的，又名"第二亚欧大陆桥"，东起江苏连云港、山东日照等中国沿海港口城市，西至荷兰鹿特丹、比利时安特卫普等欧洲口岸，途经哈萨克斯坦、俄罗斯、白俄罗斯、波兰、德国等，全长约10800千米，辐射世界30多个国家和地区，是横跨亚欧两大洲、连接太平洋和大西洋的国际大通道。20世纪 90年代初，新亚欧大陆桥初步开通。"一带一路"有力推动了新亚欧大陆桥建设，为沿线国家和亚欧两大洲经济贸易交流提供了便捷的大通道。作为"一带一路"建设的标志性项目，渝新欧、蓉新欧、义新欧等多条铁路运输干线已经开通，其中渝新欧从重庆出发，通过位于中东欧的波兰抵达德国的杜伊斯堡，蓉新欧则是从成都出发，直接抵达波兰，义新欧则从浙江义乌出发，抵达西班牙首都马德里。与此同时，与新亚欧大陆桥建设相关的公路交通、输电线路、港口建设等方面的工作也在稳步推进。

신(新)유라시아 대륙교(大陸橋)

신유라시아 대륙교는 '시베리아 대륙교(러시아 동부 연해의 블라디보스토크에서 출발하여 철도로 시베리아를 거쳐 모스크바까지 연결하고, 다시 유럽 각국으로 가는 철도)'와 구분하기 위해 불린 명칭이다. 또한 '제2 유라시아 대륙교'라고도 불린다. 이 대륙교는 "동쪽의 장쑤성 롄윈항(連云港), 산둥성 르자오(日照) 등 중국 연해 항구로부터 카자흐스탄, 러시아, 벨라루스, 폴란드, 독일 등을 거쳐 서쪽 네덜란드 노트르담, 벨기에의 안트베르펜 등 유럽 항구"까지 가는 철도로 총길이 약 10,800㎞, 세계 30여 개 국가와 지역을 연결하고 있다. 이 철도는 아시아와 유럽을 횡단하고 태평양과 대서양을 연결하는 국제 대통로이다. 1990년대 초 신유라시아 대륙교가 처음으로 개통되었다. '일대일로' 이니셔티브의 추진에 따라 신유라시아 대륙교의 건설도 크게 힘을 얻어 주변 국가와 아시아 및 유럽 간의 경제무역을 위해 편리한 대통로를 제공하였다. '일대일로' 건설의 대표적인 프로젝트로 위신어우(渝新歐, 충칭·신장·유럽), 롱신어우(蓉新歐, 청두·신장·유럽), 이신어우(義新歐, 이우·신장·유럽) 등 다수의 간선 운송철도가 개통되었다. 그 가운데 '위신어우' 철도는 충칭에서 출발하여 유럽 중동부의 폴란드를 거쳐 독일의 뒤스부르크까지 이어진다. '롱신어우' 철도는 청두(成都)에서 출발하여 직접 폴란드까지 도달한다. '이신어우' 철도는 저장성의 이우(義烏)에서부터 스페인의 마드리드까지 도달한다. 이와 동시에 신유라시아 대륙교와 관련된 도로교통, 전력 수송, 항구 건설 등 제반 사업도 꾸준히 추진되고 있다.

中国-中亚-西亚经济走廊

中国-中亚-西亚经济走廊东起中国，向西至阿拉伯半岛，是中国与中亚和西亚各国之间形成的一个经济合作区域，大致与古丝绸之路范围相吻合。走廊从新疆出发，穿越中亚地区，抵达波斯湾、地中海沿岸和阿拉伯半岛，主要涉及中亚五国(哈萨克斯坦、吉尔吉斯斯坦、塔吉克斯坦、乌兹别克斯坦、土库曼斯坦)和西亚的伊朗、沙特阿拉伯、土耳其等17个国家和地区，是丝绸之路经济带的重要组成部分。尽管中亚、西亚地区资源丰富，但制约经济社会发展的因素很多，其中基础设施建设落后、缺乏资金技术等问题较为突出。通过中国—中亚—西亚经济走廊建设，打通该地区对外经贸合作和资金流动通道，有利于促进相关国家经济社会发展。

중국·중앙아시아·서아시아의 경제회랑
(경제개발계획)

"중국·중앙아시아·서아시아 경제회랑"은 동쪽 중국에서부터 서쪽 아랍반도까지 이어진다. 이 회랑은 "중국과 중앙아시아·서아시아" 각국 사이에 형성된 경제협력 구역으로 대체로 옛 실크로드의 지역범위와 비슷하다. 회랑은 신장에서 출발하여 중앙아시아 지역을 횡단해 페르시아만, 지중해 연안과 아랍반도까지 도달한다. 주로 중앙아시아 5개 나라(카자흐스탄, 키르기스스탄, 타지키스탄, 우즈베키스탄, 투르크메니스탄)와 서아시아의 이란, 사우디아라비아, 터키 등 17개의 국가와 지역이 이 회랑과 관련되어 있다. 이 회랑은 실크로드 경제지대의 중요한 구성 부분이다. 중앙아시아와 서아시아는 자원이 풍부하지만 사회 발전을 제한하는 요소들이 많다는 것도 사실이다. 그 가운데 낙후된 인프라 건설과 자금·기술의 부족문제가 가장 두드러진다. "중국·중앙아시아·서아시아 경제회랑"의 건설을 통하여 이 지역의 대외경제무역협력과 자금유동의 통로가 뚫리면 관련 국가의 경제사회의 발전에 크게 도움 될 것이다.

中国-中南半岛经济走廊

中南半岛与中国陆海相连，有几千年的历史渊源，有很强的地缘、人缘和文缘关系，是联通"一带一路"的重要桥梁和纽带。中国—中南半岛经济走廊东起珠三角经济区，沿南广高速公路、南广高速铁路，经南宁、凭祥、河内至新加坡，纵贯中南半岛的越南、老挝、柬埔寨、泰国、缅甸、马来西亚等国家，是中国连接中南半岛的大陆桥，也是中国与东盟合作的跨国经济走廊。该走廊以沿线中心城市为依托，以铁路、公路为载体和纽带，以人员、物资、资金、信息的流通为基础，开拓新的战略通道和空间，加快形成优势互补、区域分工、共同发展的区域经济体。携手共建中国—中南半岛经济走廊有利于打造新的区域增长点，促进中南半岛沿线国家的共同繁荣发展，也有利于构建中国—东盟命运共同体。

중국·인도차이나반도의 경제회랑(경제개발계획)

인도차이나반도와 중국은 육지와 해양이 잇닿아 있어 수천 년 동안 이루어진 왕래의 역사를 가지고 있으며, 지리적·인적·문화적 관계가 매우 돈독하다. 인도차이나반도는 '일대일로'를 연결하는 중요한 교량이자 고리이다. 중국·인도차이나반도의 경제회랑은 동쪽 주장(珠江)삼각주 경제지대로부터 난광(南廣, 난충[南充]에서 광안[廣安]까지) 고속도로, 난광(南廣, 난닝[南寧]에서 광저우[廣州]까지) 고속철도를 따라 난닝, 핑샹(凭祥), 하노이(河内)를 거쳐 싱가포르까지 이어진다. 이 경제회랑은 인도차이나반도의 베트남·라오스·캄보디아·태국·미얀마·말레시아 등의 국가를 횡단해 중국과 인도차이나반도를 연결하는 대륙교이자 중국과 아세안 협력의 다국적 경제회랑이다. 이 경제회랑은 주변 도시들을 기반으로 하고, 철도와 도로를 네트워크화 하며, 인원·물자·자금·정보의 유통을 통해 협력의 새로운 전략적 통로와 공간을 확대하고, 서로의 장단점을 보완하며, 지역 분공을 명확히 하고, 공동으로 발전하는 지역경제체로 형성해 나갈 것이다. 공동으로 중국·인도차이나반도 경제회랑을 건설하는 것은 이 지역의 새로운 성장점을 찾는데 도움이 되고자 하는 것이며, 인도차이나반도 관련 국가들의 공동번영과 발전을 촉진시킬 뿐 아니라, 중국·아세안 운명공동체를 구축하는데도 도움이 되기 위함에서 추진된 프로젝트이다.

中巴经济走廊

　　中巴经济走廊是李克强总理于2013年5月访问巴基斯坦时提出的。走廊起点位于新疆喀什，终点在巴基斯坦瓜达尔港，全长3000千米，北接丝绸之路经济带，南连21世纪海上丝绸之路，是贯通南北丝路的关键枢纽，是一条包括公路、铁路、油气管道和光缆覆盖的"四位一体"通道和贸易走廊，被称为"一带一路"的"旗舰项目"。2015年4月，中巴两国初步制定了中巴经济走廊远景规划，将在走廊沿线建设交通运输和电力设施，并以此带动双方在走廊沿线开展重大项目、基础设施、能源资源、农业水利、信息通讯等多个领域的合作，创立更多工业园区和自贸区。走廊建设预计总工程费将达到450亿美元，计划于2030年完工。2015年4月20日，习近平主席和纳瓦兹谢里夫总理举行了走廊五大项目破土动工仪式，并签订了超过30项涉及中巴经济走廊的合作协议和备忘录。走廊旨在进一步加强中巴之间交通、能源、海洋等领域的交流与合作，推动互联互通建设，促进两国共同发展。走廊也有助于促进整个南亚的互联互通，更能使南亚、中亚、北非、海湾国家等通过经济、能源领域的合作紧密联合起来，形成惠及近30亿人口的经济共同振兴。

중국·파키스탄의 경제회랑(경제개발계획)

중국·파키스탄 경제회랑의 건설은 리커창(李克强) 중국 국무원 총리가 2013년 5월 파키스탄을 방문했을 때 제의한 것이다. 회랑의 시작점은 중국 신장의 카스(喀什)이고, 종점은 파키스탄의 과다르항이다. 총길이는 3000㎞ 로 북쪽은 실크로드 경제지대, 남쪽은 21세기 해상실크로드와 각각 연결되어 있어, 남북 실크로드를 관통하는 중추이자 도로·철도·가스 파이프라인과 광케이블로 이뤄진 4위일체(四位一體)의 통로이며 무역 회랑이다. 따라서 이 경제회랑은 '일대일로'의 '플래그십(旗艦) 프로젝트'라고도 불린다. 2015년 4월 중국과 파키스탄 양국이 처음으로 중국·파키스탄 경제회랑의 미래계획을 제정하였다. 이 계획에 따르면 양국은 회랑을 경유하는 지역에 교통운수와 전력시설을 건설하고, 이를 통하여 회랑을 경유하는 지역에서 중대한 프로젝트·인프라·에너지자원·농업수리·정보통신 등 분야의 협력을 이끌어 나가기로 했다. 또한 더 많은 산업단지와 자유무역지대를 설립하기로 하였다. 이 경제회랑의 건설사업비는 450억 달러이고, 2030년 완공할 계획이다. 2015년 4월 20일 시진핑 중국 국가 주석은 나와즈 샤리프 파키스탄 총리와 회랑 5대 프로젝트의 기공식에 참석하여 30개 항목에 달하는 "중국·파키스탄 경제회랑 협력합의서"와 "양해각서"를 체결하였다. 이 경제회랑의 목적은 중국·파키스탄 간의 교통·에너지·해양 등 분야의 협력을 강화하고, 양국의 상호작용과 시설의 상호연결을 추진하며 양국의 공동발전을 촉진시키는 데 있다. 이와 함께 경제회랑은 남아시아 전체를 서로 연결시키는데 도움이 될 뿐만 아니라, 경제와 에너지 분야의 협력을 통하여 남아시아·중앙아시아·북아프리카·페르시안만 국가들을 더욱 긴밀하게 연결시켜, 30억 인구에게 혜택이 돌아갈 수 있는 '경제적 공동부흥'을 가져올 수 있게 하기 위함에서이다.

孟中印缅经济走廊

2013年5月，李克强总理访问印度期间，中印两国共同倡议建设孟中印缅经济走廊，推动中印两个大市场更紧密连接，加强该地区互联互通。该倡议得到孟加拉国、缅甸两国的积极响应。2013年12月，孟中印缅经济走廊联合工作组第一次会议在昆明召开，各方签署了孟中印缅经济走廊联合研究计划，正式建立了四国政府推进孟中印缅合作的机制。2014年9月，习近平主席在访问印度期间同莫迪总理会谈时提出中印双方要加快推进孟中印缅经济走廊建设，开展在"一带一路"框架内的合作。2014年12月，在孟加拉国考斯巴萨举行了孟中印缅经济走廊联合工作组第二次会议，讨论并展望了经济走廊的前景、优先次序和发展方向。孟中印缅经济走廊不仅直接惠及四国，其辐射作用将有助于带动南亚、东南亚、东亚三大经济板块联合发展。

방글라데시·중국·인도·미얀마의 경제회랑 (경제개발계획)

2013년 5월 리커창 중국 국무원 총리가 인도를 방문하는 기간 양국 정부가 "방글라데시·중국·인도·미얀마 경제회랑"을 건설하여 중국과 인도 양대 시장을 더욱 긴밀하게 연결시키고, 이 지역 인프라의 상호 연결을 추진할 것을 공동으로 제의하였다. 이 제의는 방글라데시와 미얀마 양국의 적극적인 호응을 받았다. 2013년 12월 "방글라데시·중국·인도·미얀마 경제회랑" 합동실무단 제1차 회의가 중국 쿤밍(昆明)에서 열렸다. "방글라데시·중국·인도·미얀마 경제회랑 공동연구 계획"에 서명하고, 4개국정부가 "4개국협력추진메커니즘"을 공식으로 출범시켰다. 2014년 9월 시진핑 중국 국가주석이 인도를 방문하는 기간 모디 인도 총리와의 회담에서 중국과 인도가 "방글라데시·중국·인도·미얀마 경제회랑"의 건설에 박차를 가하고, '일대일로'의 틀 안에서의 협력을 추진하자고 제의하였다. 2014년 12월 방글라데시 Cox's Bazaar에서 "방글라데시·중국·인도·미얀마 경제회랑 합동실무단" 제2차 회의를 열어 경제회랑의 미래·사업의 우선순위·발전방향 등을 검토하면서 전망하였다. "방글라데시·중국·인도·미얀마 경제회랑"은 당사자인 4개국이 큰 혜택을 받게 될 뿐 아니라, 그 파급효과는 남아시아·동남아시아·동아시아 등 3대 경제블록의 공동발전에도 도움이 되기 위함에서 추진된 프로젝트이다.

협력메커니즘
- 合作机制 -

上海合作组织

上海合作组织(简称"上合组织") 是由中国、俄罗斯、哈萨克斯坦、吉尔吉斯斯坦、塔吉克斯坦、乌兹别克斯坦于2001年6月15日在上海宣布成立的永久性政府间国际组织。上合组织旨在加强成员国间的友好与信任, 鼓励成员国在政治、经贸、文化等领域的有效合作, 致力于共同维护地区和平与稳定, 推动建立公正合理的国际政治经济新秩序。上合组织对内遵循"互信、互利、平等、协商, 尊重多样文明、谋求共同发展"的"上海精神", 对外奉行不结盟、不针对其他国家和地区及开放原则。上合组织最高决策机构是成员国元首理事会, 该会议每年举行一次, 决定本组织所有重要问题。政府首脑理事会每年举行一次, 讨论本组织框架下多边合作和优先领域的战略。上合组织有两个常设机构, 分别是设在北京的上合组织秘书处和设在塔什干的上合组织地区反恐怖机构执行委员会。除6个成员国外、目前上合组织还包括阿富汗、白俄罗斯、印度、伊朗、蒙古、巴基斯坦6个观察员国, 以及阿塞拜疆、亚美尼亚、柬埔寨、尼泊尔、土耳其、斯里兰卡6个对话伙伴。

상하이 협력기구

　　상하이 협력기구는 "중국, 러시아, 카자흐스탄, 키르키르스탄, 타지키스탄, 우즈베키스탄"이 2001년 6월 15일 중국 상하이에서 공식 설립한 영구적 정부 간 국제기구이다. "상하이 협력기구" 설립의 목적은 회원국 간의 친선과 신뢰를 강화하고, 회원국들의 정치·경제무역·문화 등 분야에서의 효과적인 협력을 장려하며, 공동으로 지역의 평화와 안정을 수호하고, 공정하고 합리적인 국제정치 경제의 새 질서 확립을 추진하는 데 있다. "상하이 협력기구"는 대내적으로 "상호 신뢰, 상호 이익, 평등, 협상, 문명의 다양성 존중, 공동발전 도모"라는 '상하이 정신'을 따르고, 대외적으로는 비동맹 원칙·기타 국가와 지역을 겨냥하지 않는 원칙·개방 원칙을 수행한다. 상하이 협력기구의 최고 의사결정기구는 회원국 정상 이사회이다. 이 이사회는 해마다 1회씩 회의를 열어 본 기구의 모든 중요한 문제에 대해 의사결정을 내린다. 정부수반 이사회는 해마다 열려, 본 기구 틀 안에서의 다자간 협력 및 우선분야의 전략 문제를 협의한다. "상하이 협력기구"는 두 개의 상설기구, 즉 중국 베이징에 설립된 "상하이 협력기구 사무국"과 우즈베키스탄 수도 타슈켄트에 설립된 "상하이 협력기구 반테러 기구 집행위원회"를 가지고 있다.

　　"상하이 협력기구"에는 6개의 회원국 외에도 아프가니스탄·벨라루스·인도·이란·몽골·파키스탄 등 6개의 옵서버 국가 및 아제르바이잔·아르메니아·캄보디아·네팔·터키·스리랑카 등 6개 대화 파트너 국가가 있다.

中国-东盟"10+1"机制

中国-东盟"10+1"机制是中国与东南亚国家联盟建立的合作机制，自1997年成立以来，双方合作不断扩大与深化，现已发展成一个密切的政治、经济合作组织，成为东亚区域合作的主要机制之一。1991年，中国与东盟开启对话进程，中国成为东盟的对话伙伴国。 1997年，双方举行第一次"10+1"领导人会议，宣布建立中国—东盟睦邻互信伙伴关系。2010年1月，中国—东盟自贸区正式建成，这是双方关系史上的重大事件，开启了中国与东盟实现经济一体化的进程。自此，中国成为第一个加入《东南亚友好合作条约》和第一个同东盟建立战略伙伴关系的域外大国，也是第一个同东盟建成自贸区的大国。为保障双方合作的顺利与成效，"10+1"机制确立了一套完整的对话与合作平台，主要包括政府首脑会议、部长级会议和工作组会议。中国—东盟中心是推进双方合作的重要常设机构。

중국·아세안 '10+1' 메커니즘

중국·아세안 '10+1' 메커니즘은 중국과 동남아 국가연맹(아세안) 이 설립한 협력기구로서 1997년 설립한 이래 쌍방의 협력이 부단히 확대되고 심화되어 현재 밀접한 정치경제 협력기구로 성장하였으며, 동아시아 지역협력의 주요 메커니즘으로 자리를 잡았다. 1991년 중국과 아세안이 대화를 시작해 중국은 아세안의 대화 파트너국가가 되었다.

1997년 쌍방은 제1차 '10+1' 정상회의를 개최하여, 중국·아세안 선린 상호 신뢰 동반자 관계의 구축을 선언했다.

2010년 1월 "중국·아세안 자유무역지대"가 공식으로 출범되어 쌍방 관계 면에서 역사상 큰 사건으로 기록되었으며, 중국·아세안 경제 일체화 과정의 시작을 알렸다. 이때부터 중국은 「동남아 우호협력조약」에 가입한 첫 번째 역외 대국이 되었고, 아세안과 전략적 동반자 관계를 구축한 첫 번째 역외 대국이 되었다. 또한 중국은 아세안과 자유무역지대를 설립한 첫 번째 대국이 되었다. 쌍방의 순조롭고 효과적인 협력을 보장하기 위해 '10+1' 메커니즘은 정부수반 회의, 장관급 회의 및 실무단 회의 등 완전한 대화와 협력 관련 플랫폼을 마련하였다. 중국·아세안센터는 쌍방의 협력을 추진하는 중요한 상설기구이다.

亚太经济合作组织

亚太经济合作组织是亚太地区层级最高、领域最广、最具影响力的经济合作机制，现有21个成员，以及东盟秘书处、太平洋经济合作理事会、太平洋岛国论坛秘书处3个观察员。1989年11月，澳大利亚、美国、日本、韩国、新西兰、加拿大及当时的东盟六国在澳大利亚首都堪培拉举行亚太经济合作组织首届部长级会议，标志着亚太经合组织的正式成立。作为经济论坛，亚太经合组织主要讨论与全球和区域经济有关的议题，如贸易和投资自由化、区域经济一体化、互联互通、经济结构改革和创新发展、全球多边贸易体系、经济技术合作和能力建设等，旨在维护本地区成员的共同利益，促进成员间的经济相互依存，加强开放的多边贸易体制，减少区域贸易和投资壁垒。亚太经合组织共有5个层次的运作机制：领导人非正式会议、部长级会议、高官会、委员会和工作组、秘书处。中国于2001年和2014年先后在上海和北京成功举办过两届亚太经合组织领导人非正式会议，为促进区域贸易和投资自由化便利化、推动全球和地区经济增长发挥了积极作用。

아시아 태평양 경제협력체

아시아태평양 경제협력체는 아시아태평양 지역에서 등급이 가장 높고 범위가 가장 넓으며 영향력이 가장 큰 경제협력 메커니즘이다. 현재 이 협력체는 21개의 구성원, 아세안 사무국, 태평양경제협력위원회, 태평양 제도(諸島)포럼 등 3개의 옵서버를 가지고 있다. 1989년 11월 호주·미국·일본·한국·뉴질랜드·캐나다·당시의 아세안 6개 국가가 호주의 수도 캔버라에서 아시아 태평양 경제협력체 제1회 장관급 회의를 개최하였다. 이는 아시아태평양 경제협력체의 공식적인 출범을 상징하는 것이었다. 경제포럼으로서 아시아태평양 경제협력체는 주로 무역과 투자자유화, 지역경제의 일체화, 상호연결, 경제구조개혁과 혁신발전, 글로벌 다자간 무역체제, 그리고 경제기술협력과 능력 건설 등 글로벌 및 지역경제에 관한 의제를 다룬다. 목적은 해당지역 구성원의 공동이익을 수호하고, 구성원들 간의 상호의존을 촉진시키며, 개방적 다자간 무역체제의 강화, 그리고 지역 간 무역 및 투자 장벽의 철거를 추진하는데 있다. 아시아태평양 경제협력체는 5개 등급의 운영시스템을 가지고 있다. 즉 지도자 비공식 회의, 각료회의, 고위직 회의, 위원회와 실무단, 사무국이다. 중국은 2001년과 2014년에 각각 상하이와 베이징에서 아시아태평양 경제협력체 지도자 비공식 회의를 개최하여, 지역의 무역 및 투자자유화와 편리화, 글로벌 및 지역경제의 성장을 위해 적극적인 역할을 하였다.

亚欧会议

　　亚欧会议是亚洲和欧洲间重要的跨区域政府间论坛，旨在促进两大洲间建立新型、全面伙伴关系，加强相互对话、了解与合作，为亚欧经济社会发展创造有利条件。1996年3月，首届亚欧首脑会议在泰国曼谷举行，会议通过了《主席声明》，确定每两年召开一次首脑会议。2014年在意大利米兰举行的第十届亚欧首脑会议，决定接纳克罗地亚和哈萨克斯坦为新成员，亚欧会议成员增至53个。亚欧会议包括政治对话、经贸合作、社会文化及其他领域交流三大支柱，活动机制包括首脑会议、外长会议及部长级会议等，日常工作通过高官会进行沟通协调。亚欧首脑会议负责确定亚欧会议的指导原则和发展方向，隔年在亚洲和欧洲轮流举行，迄今已举办11届。亚欧外长会议负责亚欧会议活动的整体协调和政策规划，通过有关指导性文件并批准新倡议。亚欧高官会议负责协调和管理亚欧会议各领域活动，并对首脑会议、外长会议预做准备。成立于1997年的亚欧基金是亚欧会议框架下唯一常设机构，负责开展亚欧学术、文化和人员交流活动。

아시아·유럽회의

아시아·유럽회의는 아시아와 유럽 간 중요한 정부 포럼이다. 이 포럼의 취지는 아시아와 유럽 사이에 새로운, 전면적 동반자관계를 구축하고 대화·이해·협력을 강화하여 아시아 및 유럽의 경제사회발전을 위하여 유리한 조건을 마련하는 데 있다. 1996년 3월 제1회 아시아·유럽 정상회의가 태국의 방콕에서 열렸다. 회의는「주석 성명」을 통과시키고 2년에 한 번씩 정상회의를 개최하기로 하였다. 2014년 이탈리아 밀라노에서 열린 제10회 아시아·유럽 정상회의에서 크로아티아와 카자흐스탄을 새로운 멤버로 받아들이기로 결정함에 따라 아시아·유럽 회의의 구성원은 53개 나라로 늘어났다. 아시아·유럽 회의는 주로 정치적 대화·경제무역협력·사회문화 및 기타 영역의 교류 등 3대 분야에 역점을 두고 있다. 운영시스템은 정상회의·외무장관회의·각료회의 등으로 구성되어 있으며, 일상적인 업무는 고위직 관료회의를 통하여 소통하고 조율한다. 아시아·유럽 정상회의는 아시아·유럽회의의 지도원칙과 발전 방향을 결정하고, 2년에 1번씩 아시아와 유럽에서 번갈아 개최된다. 지금까지 이미 11차례 개최하였다. 아시아·유럽 외무장관회의는 아시아·유럽 회의의 전체적인 조율과 정책계획, 지도적 문서의 통과와 새로운 제의의 비준을 분담한다. 아시아·유럽 고위직 관료회의는 아시아·유럽 회의 각 분야의 활동을 조율 관리하고, 정상회의와 외무장관 회의의 준비 작업을 수행한다. 1997년 설립된 아시아·유럽기금은 아시아·유럽 회의 산하의 유일한 상설기구로서, 아시아·유럽 간의 학술·문화 및 인적 교류를 수행한다.

亚洲合作对话

亚洲合作对话是目前唯一面向全亚洲的官方对话与合作机制，成立于2002年，旨在推动各成员之间农业、能源、扶贫等领域的交流与合作，通过开展亚洲对话推动亚洲合作、促进亚洲发展。亚洲合作对话机制以首脑会议、外长会议、领域牵头国、高级研究小组会等形式开展活动，目前已在各成员国召开了2次首脑会议和14次外长会议。中国高度重视并积极参与亚洲合作对话进程，支持全面加强亚洲合作对话机制能力建设，更好地服务于亚洲地区发展和一体化进程。近年来，中国先后主办"丝绸之路务实合作论坛""共建'一带一路'合作论坛暨亚洲工商大会"等活动，以实际行动助推该对话机制，深化务实合作。

아시아 협력대화

2002년 설립된 아시아 협력대화는 현재까지 유일하게 아시아 전체를 상대로 하는 공식 대화 및 협력 메커니즘이다. 목적은 각 구성원 간의 농업, 에너지, 빈곤퇴치 등의 분야에서 교류와 협력을 추진하고, 아시아 대화를 통하여 아시아의 협력과 발전을 촉진시키는 데 있다. 아시아 협력대화 메커니즘은 정상회의, 외무장관회의, 분야별 리더 국가, 고급 연구팀 회의 등의 형식을 포함한다. 현재까지 2번의 정상회의와 14차례의 외무장관회의를 개최하였다. 중국은 아시아 협력대화에 대해 매우 중요시하고 적극적으로 참여하고 있다. 이 대화가 아시아지역의 발전과 일체화에 기여할 수 있도록 중국은 아시아 협력대화 메커니즘의 능력 강화를 전적으로 지지하고 있다. 최근 몇 년 사이 중국은 '실크로드 실질협력 포럼', '일대일로 협력 포럼 및 아시아 공상 대회' 등을 개최하여 실질적인 행동으로 이 대화 메커니즘을 촉진시키고 실질적인 협력을 강화시켰다.

亚信会议

1992年10月，哈萨克斯坦总统纳扎尔巴耶夫在第47届联合国大会上提出了建立一个全亚洲范围的地区性安全合作组织的倡议，旨在通过各国专家、学者和领导人之间"讨论亚洲或欧亚的和平与安全问题"，促进亚洲各国间的对话和协商。经过长达10年的专家论证和外交协调，2002年6月，亚信会议第一次峰会在阿拉木图成功举行。亚信会议恪守《联合国宪章》的宗旨和原则，坚持各成员国一律平等，相互尊重主权和领土完整，互不干涉内政，倡导以和平方式解决争端，反对动辄诉诸武力或以武力相威胁，通过制定和实施军事政治、新威胁新挑战、经济、人文、生态等五大领域信任措施，加强成员国安全、经济、社会和文化的交流与合作。亚信会议建立了国家元首和政府首脑会议、外长会议、高官委员会会议、特别工作组会议等议事和决策机制。截止到2014年的上海亚信峰会，亚信会议已有26个成员国，横跨亚洲各区域。在本次峰会上，习近平主席提出了"共同、综合、合作、可持续"的亚洲安全观，倡议走出一条共建、共享、共赢的亚洲安全之路。

아시아의 교류 및 신뢰구축 회의

1992년 10월 나자르바예브 카자흐스탄 대통령이 제47회 유엔대회에서 아시아 범위 내에서 지역안보협력기구를 창설할 것을 제의하였다. 목적은 각국의 전문가·학자·지도자 사이에서 "아시아 혹은 유라시아의 평화와 안보문제를 토론하는 장"을 마련하여 아시아 각국 간의 대화와 협상을 촉진시키는 데 있다. 10년에 걸친 전문가의 논증과 외교적 조율을 통하여 2002년 6월 아시아 교류 및 신뢰구축 회의 제1차 정상회의가 알마티에서 성공적으로 개최되었다. 아시아 교류 및 신뢰구축 회의는 「유엔헌장」을 고수하고, 각 회원국의 평등, 주권과 영토 보전의 상호 존중과 내정 불간섭 원칙을 지킨다. 또한 평화적인 방식으로 분쟁을 해결할 것을 제창하고, 무력을 사용하거나 위협하는 행위를 반대하며, 군사와 정치, 새로운 위협과 새로운 도전, 경제, 인문, 생태 등 5대 분야에서의 신뢰조치를 마련하고 이에 대한 실시를 통하여 회원국 간의 안보, 경제, 사회 및 문화의 교류와 협력을 강화한다. 아시아 교류 및 신뢰구축 회의는 국가원수와 정부수반 회의, 외무장관 회의, 고위직 위원회회의, 특별 실무팀 회의 등 각종 토의와 의사결정시스템을 구축하였다. 2014년 열린 아시아 교류 및 신뢰구축 회의 상하이 정상회의까지 이 기구는 26개의 회원국을 보유하고 아시아 각 지역을 포함시켰다. 상하이 정상회의에서 시진핑 중국 국가주석은 "공동, 종합, 협력, 지속 가능한 아시아 안보관"을 제시하고, 공동 건설·공유·상생의 '아시아 안보의 길'을 걸어 나갈 것을 제창하였다.

中阿合作论坛

2004年1月30日，时任中国国家主席胡锦涛访问了阿拉伯国家联盟总部，会见了时任阿盟秘书长阿姆鲁穆萨和22个阿盟成员国代表。会见结束后，时任中国外长李肇星与穆萨秘书长共同宣布成立"中国—阿拉伯国家合作论坛"。2014年6月5日，习近平主席在中阿合作论坛第六届部长级会议开幕式上讲话表示，中阿合作论坛是着眼中阿关系长远发展作出的战略抉择，已成为丰富中阿关系战略内涵、推进中阿务实合作的有效抓手。2016年5月12日，中阿合作论坛第七届部长级会议在卡塔尔多哈举行。习近平主席和卡塔尔埃米尔塔米姆·本·哈马德·阿勒萨尼分别致贺信。会议围绕"共建'一带一路'，深化中阿战略合作"议题，就中阿关系发展和中阿合作论坛建设达成广泛共识。截至2016年7月，中阿合作论坛已举行七届部长级会议、十三次高官会，其他合作机制也得到有序运行。

중국·아랍 협력포럼

2004년 1월 30일 당시 후진타오 중국 국가주석은 아랍 국가연맹 본부를 방문해 아랍연맹 아므르 무사 사무총장과 22개 아랍연맹 회원국의 대표들을 회견하였다. 회견이 끝난 다음 당시 리자오싱(李肇星) 중국 외교부장과 무사 사무총장은 함께 '중국·아랍국가 협력포럼'의 설립을 선언하였다.

2014년 6월 5일 시진핑 중국 국가주석은 중국·아랍 협력포럼 제6차 장관급 회의 개막식에서 중국·아랍 협력포럼은 중국·아랍국가 관계의 장래 발전에 착안한 전략적 선택으로 현재 중국·아랍국가 관계의 내용을 풍부히 하고 중국·아랍국가 간 실질적 협력을 추진하는 중요한 장치가 되었다고 말하였다. 2016년 5월 12일 중국·아랍 협력포럼 제7차 각료회의가 카타르 도하에서 열렸다. 시진핑 주석과 타밈 빈 하마드 알타니 카타르 아미르가 각각 축하 메시지를 보냈다. 회의는 '일대일로'의 공동건설, 중국·아랍 전략적 협력의 심화 등의 의제에 대해 토론하였고, 중국·아랍의 관계발전과 중국·아랍 협력포럼의 건설에 대해 광범위한 공동인식을 형성하였다. 2016년 7월 현재 중국·아랍 협력포럼은 7차례의 각료회의와 13회의 고위직 관료회의를 개최하였고, 기타 협력 시스템도 정상적으로 가동되고 있다.

中国-海合会战略对话

2010年6月，中国-海湾合作委员会首轮战略对话在京举行，时任科威特副首相兼外交大臣穆罕默德、阿联酋外交国务部长卡尔卡什、海合会秘书长阿提亚与杨洁篪外长共同主持了对话会，并签署了双方关于高级别战略对话的谅解备忘录。2011年5月，第二轮战略对话在阿联酋首都阿布扎比举行。2014年1月，第三轮战略对话在北京举行，习近平主席会见了海合会代表团。双方一致同意致力于建立中国和海合会战略伙伴关系，强调要重启中国和海合会自贸区谈判进程，通过并签署了《中华人民共和国和海湾阿拉伯国家合作委员会成员国战略对话2014年至2017年行动计划》。海合会6个成员国是古丝绸之路的交汇地，地理位置重要，发展潜力巨大，是中国推进"一带一路"建设的天然和重要的合作伙伴。中国—海合会战略对话为双方共建"一带一路"提供了重要平台。

중국·걸프 협력회의 전략대화

2010년 6월 중국·걸프 협력회의 첫 전략대화가 중국 베이징에서 열렸다. 쿠웨이트 부수상 겸 외교장관인 모하마드(Sheikh Mohammad Sabah Al·Salem Al·Sabah), 아랍 에미리트 외무 국무장관 카르카시(Anwar Mohammed Qarqash), 걸프협력 회의 사무총장 알아티야(Abdul·Rahman al·Attiyah), 당시 중국 외교부장인 양제츠가 공동으로 회의를 주재하고, 중국과 걸프 협력회의 간 고위급 전략대화에 관한 양해각서를 체결했다. 2011년 5월 제2회 전략대화가 아랍 에미리트 수도 아부다비에서 열렸다. 2014년 1월 제3회 전략대화가 중국 베이징에서 열렸다. 시진핑 국가주석이 걸프협력회의 대표단을 접견하였다. 이번 회의에서 쌍방은 "중국·걸프협력회의 전략적 동반자 관계"를 구축하기로 했고, 중국·걸프협력회의 자유무역지대 협상을 재개할 것을 강조했다. 그리고 회의는 「중화인민공화국·걸프 아랍국가협력위원회 전략대화 2014·2017 행동계획」을 통과 체결하였다. 걸프 협력회의의 6개 회원국은 옛 실크로드의 합류 지점이다. 이곳은 지리적으로 중요할 뿐 아니라 막대한 발전 잠재력을 지니고 있어, 중국이 '일대일로' 건설을 추진하는 데 천연적이고 중요한 협력동반자가 될 수 있다는 상징적인 곳이다. 중국·걸프 협력회의 전략대화는 쌍방에게 공동으로 '일대일로'를 건설하기 위한 중요한 플랫폼을 제공해 주었다.

大湄公河次区域经济合作

　　大湄公河次区域经济合作是由澜沧江—湄公河流域内的6个国家，即中国、缅甸、老挝、泰国、柬埔寨、越南共同参与的一个次区域经济合作机制，成立于1992年。其宗旨是加强次区域国家的经济联系，促进次区域的经济和社会共同发展。亚洲开发银行是该机制的发起者、协调方和主要筹资方。领导人会议为最高决策机构，每三年召开一次，各成员国按照字母顺序轮流主办。日常决策机构为部长级会议，下设高官会、工作组和专题论坛等。该机制成立20多年来，在交通、能源、电力、基础设施、农业、旅游、信息通信、环境、人力资源开发、经济走廊等重点领域开展了富有成效的合作。中国重视大湄公河次区域经济合作，积极参与各层次、各领域项目的规划与实施，为促进各成员国民生和福祉做出了自身的贡献。

대(大)메콩강유역권 경제협력

대메콩강유역권 경제협력은 란창강(瀾滄江)·메콩강(湄公河)유역의 6개 국, 즉 중국·미얀마·라오스·태국·캄보디아·베트남이 공동으로 참여한 하류(河流)지역 경제협력메커니즘으로 1992년에 설립되었다. 그 취지는 하류지역 국가 간의 경제관계를 강화하여 하류지역의 경제와 사회의 공동발전을 추진하자는 것이다. 이 메커니즘의 발의자, 조율자, 또한 주요 투자자는 아시아개발은행이다. 지도자 회의가 최고 정책결정기구 이며, 3년마다 한 번씩 회의를 개최하고, 각 회원국은 영문 알파벳 순서 에 따라 돌아가면서 회의를 주최한다.

일상적인 정책결정기구는 각료회의가 되며, 산하에 고위직 관료 회 의, 실무단과 전문포럼 등을 부설하였다. 이 메커니즘은 설립 20년 동 안 교통에너지, 전력, 인프라, 농업, 관광, 정보통신, 환경, 인력자원개 발, 경제회랑 건설 등 중점 분야에서 효과적인 협력을 해나갔다. 중국 은 대메콩강유역권 경제협력을 중요시하고, 각 단계별, 각 분야별 프로 젝트의 기획과 실시에 적극적으로 참여하여 각 회원국의 민생과 복지 를 촉진시키는데 크게 기여하였다.

中亚区域经济合作

中亚区域经济合作于1996年由亚洲开发银行发起成立，2002年提升为部长级合作，已建立起以部长会议、高官会议、行业协调委员会和区域工商圆桌会议为主的合作协调机制，是中亚区域重要的经济合作机制之一。其宗旨是以合作谋发展，通过促进交通运输、贸易、能源和其他重要领域的区域合作，促进成员国经济社会发展，减少贫困。现有成员包括中国、阿富汗、阿塞拜疆、巴基斯坦、蒙古国、哈萨克斯坦、吉尔吉斯斯坦、塔吉克斯坦、土库曼斯坦、乌兹别克斯坦和2016年加入的格鲁吉亚。亚洲开发银行、世界银行、国际货币基金组织、联合国开发计划署、欧洲复兴开发银行、伊斯兰开发银行6个国际组织，以及一些发达国家的双边援助机构作为发展伙伴也参与了该框架下的合作。

중앙아시아지역 경제협력

중앙아시아 지역경제협력 메커니즘은 1996년 아시아 개발은행에 의해 발기된 것으로 2002년 장관급 협력체제로 승격되었다. 이 메커니즘은 이미 각료회의, 고위직 관료 회의, 업종조율위원회와 지역 공상 원탁회의 등 협력조율시스템을 갖추게 되었으며, 중앙아시아지역에서 중요한 경제협력 메커니즘의 하나로 자리 잡았다. 이 메커니즘을 설립하는 목적은 협력을 통하여 발전을 도모하고, 교통운수·무역·에너지·기타 중요한 분야의 지역협력을 통하여 각 회원국들의 경제사회 발전을 촉진시키고, 빈곤을 퇴치하는데 있다. 현재 회원국으로서 중국, 아프가니스탄, 아제르바이잔, 파키스탄, 몽골, 카자흐스탄, 키르기스스탄, 타지키스탄, 투르크메니스탄, 우즈베키스탄, 2016년에 새로 가입한 그루지야 등이 있다. 아시아개발은행, 세계은행, 국제통화기구, 유엔개발계획, 유럽부흥개발은행, 이슬람개발은행 등 6개의 국제기구 및 일부 발전국가의 양자 간 원조기구들이 파트너로서 이 메커니즘의 협력사업에 참여하고 있다.

中国-中东欧国家合作

中国-中东欧国家合作简称"16+1合作",是中国与中东欧16国之间建立的合作机制。在该机制框架下,17国将相互尊重各自主权独立和领土完整,加深对各自发展道路的理解,结合自身特点、需求和优先方向,本着平等协商、优势互补、合作共赢的原则,积极落实框架目标。"16+1合作"这一创新性的次区域合作机制,开辟了中国同传统友好国家关系发展的新途径,创新了中国同欧洲关系的实践,搭建了具有南北合作特点的南南合作新平台。近年来,在双方的共同努力下,"16+1合作"机制不断发展壮大,形成了全方位、宽领域、多层次的格局,已步入成熟期和早期收获期。实现"一带一路"倡议与"16+1合作"机制的有效对接,将为中国—中东欧合作列车装载"超级引擎",拓宽沿线国家的企业投资之路、贸易之路,开拓中国与中东欧国家的合作共赢之路。

중국과 중유럽·동유럽 간의 국가협력

중국과 중유럽·동유럽 간의 국가협력은 '16+1 협력'으로 약칭하며, 중국과 중유럽·동유럽의 16개 국가 간에 설립된 협력메커니즘이다. 이 메커니즘 아래 17개 국가는 각자의 주권 독립과 영토보전을 서로 존중하고, 각자의 발전 로드맵에 대한 이해를 강화시키며, 각 국가의 특성·욕구와 최우선 사항들과 결합시켜, 평등 협상·상호보완·협력 상생의 원칙에 따라 이 메커니즘의 목표를 적극적으로 실현시켜 나갈 것이다. '16+1 협력'이라는 창의적인 지역협력 메커니즘은 중국이 전통 우방과의 관계를 발전시키는 새로운 경로를 개척하고, 유럽과의 관계 구축에 있어 일대 혁신을 하여 남북협력 특성을 갖춘 남남협력의 새로운 무대를 만들었다. 최근 몇 년 동안 쌍방의 공동노력을 통하여 '16+1 협력' 메커니즘은 거듭 발전해 왔으며, 전방위적·광범위적·다차원적 구도를 형성하고, 이미 성숙기와 조기 수확기에 접어들었다.

'일대일로' 이니셔티브와 '16+1 협력' 메커니즘의 효과적인 접목은, 중국과 중유럽·동유럽 국가 협력에 '슈퍼엔진'을 장착하고 '일대일로' 주변국가 기업의 투자경로·무역경로를 확대하고, 중국과 중 유럽·동유럽 국가에게 상생의 길을 열어줄 것이다.

中非合作论坛

为进一步加强中国与非洲国家的友好合作，共同应对经济全球化挑战，谋求共同发展，在中非双方共同倡议下，"中非合作论坛——北京2000年部长级会议"于2000年10月在京召开，标志着中非合作论坛正式成立。该论坛的宗旨是平等互利、平等磋商、增进了解、扩大共识、加强友谊、促进合作。成员包括中国、与中国建交的51个非洲国家以及非洲联盟委员会。中非合作论坛部长级会议每三年举行一届，目前已举办六届。2015年12月4日，在中非合作论坛约翰内斯堡峰会开幕式上，习近平主席代表中国政府宣布，将中非新型战略伙伴关系提升为全面战略合作伙伴关系，提出与非洲在工业化、农业现代化、基础设施、金融、绿色发展、贸易和投资便利化、减贫惠民、公共卫生、人文、和平和安全等领域共同实施"十大合作计划"，规划了中非务实合作的新蓝图。

중국·아프리카 협력포럼

중국과 아프리카 국가의 우호적인 협력을 더욱 강화하고, 경제 글로 벌화라는 도전에 함께 대비하며, 공동발전을 도모하기 위하여, 중국·아 프리카의 공동제안으로 '중국·아프리카 협력포럼·베이징 2000년 각료 회의'가 2000년 10월 베이징에서 개최되었다. 이것은 "중국·아프리카 협 력포럼"의 공식 출범을 상징했다. 이 포럼의 취지는 호혜평등, 평등 협 상, 이해 증진, 공동인식 확대, 우의 강화, 협력 촉진에 있다. 포럼은 중 국, 중국과 수교한 아프리카 51개국 및 아프리카연맹위원회로 구성되 어 있다. "중국·아프리카 협력포럼" 각료회의는 3년마다 개최되며 현재 까지 이미 6회가 개최되었다. 2015년 12월 4일 "중국·아프리카 협력포 럼" 요하네스버그 정상회의 개막식에서 시진핑 중국 국가주석이 중국 정부를 대표하여 "중국·아프리카 신형 전략적 동반자 관계"를 "전면적 전략적 협력 동반자 관계"로 승격시키며 아프리카와 함께 산업화, 농 업 현대화, 인프라, 금융, 녹색발전, 무역과 투자 편리화 , 빈곤퇴치와 민생개선, 공공위생, 인문, 평화안보 등의 분야에서, 공동으로 '10대 협 력계획'을 시행할 것이라고 밝혀, 중국·아프리카의 실질적 협력을 위한 새로운 청사진을 제시했다.

기타 국가 및 기구의 이니셔티브
- 其他国家或组织倡议 -

联合国 "丝绸之路复兴计划"

　　复兴丝绸之路的计划早在20世纪60年代就已经开始，最初的计划是修建一条连接新加坡至土耳其的全长约14000千米的铁路。推动丝绸之路复兴的政府和组织数量众多，发挥作用最大的是联合国。2008年2月，联合国开发计划署正式发起了 "丝绸之路复兴计划"，来自包括中国、俄罗斯、伊朗、土耳其在内的19国官员在瑞士日内瓦签署意向书，决定在今后数年投入430亿美元，激活古丝绸之路和其他一些古老的欧亚大陆通道，全长7000多千米。该计划由230个项目组成，期限为2008年至2014年，投资主要用于改善古丝绸之路等欧亚大陆通道的基础设施并开发多条经济走廊。该计划旨在使古老的丝绸之路重现辉煌，为中亚、东欧等国提供机会，并让欧亚大陆腹地分享全球化带来的好处。

유엔의 '실크로드 부흥계획'

'실크로드 부흥계획'은 이미 지난 세기 60년대에 시작되었으며, 최초의 계획은 싱가포르에서 터키까지 연결되는 총길이 약 14000km의 철도를 부설하는 것이었다. 수많은 정부와 기구에서 실크로드 부흥계획을 추진하고 있으며, 그중에서 유엔이 가장 큰 역할을 하고 있다. 2008년 2월 유엔 개발계획은 공식으로 실크로드 부흥계획을 발의하여 중국·러시아·이란·터키를 포함한 19개국 대표들은 스위스 제네바에서 합의서에 서명했고, 향후 몇 년 간 430억 달러를 투입하여 고대 실크로드와 그 외 오래된 유라시아 대륙통로를 활성화하기로 결정하였다. 그 총길이는 7000여 km이다. 이 계획은 230개 프로젝트로 구성되었으며, 그 기한은 2008년에서 2014년까지였다. 투자금은 주로 고대 실크로드와 같은 유라시아 대륙 통로의 인프라를 개선하고 다양한 경제회랑을 개발하는 데 사용된다. 이 계획의 취지는 찬란했던 고대 실크로드의 재현으로, 중앙아시아와 동유럽 등 국가에 도약의 기회를 제공하고, 또한 이 유라시아 내륙지역이 세계화의 성과를 함께 누릴 수 있게 하려는 것이었다.

俄罗斯"欧亚联盟"

2011年10月5日，时任俄罗斯总理普京在俄《消息报》发表署名文章，提出了"欧亚联盟"的发展理念。

"欧亚联盟"旨在逐步融合独联体国家，打造统一的关税联盟和经济空间；通过提升独联体地区一体化的程度与层次，最终建立起拥有超国家机构的主权国家联盟。俄罗斯将以独联体国家为突破口，逐渐将"欧亚联盟"的范围由现在的俄罗斯、白俄罗斯、哈萨克斯坦、亚美 尼亚、吉尔吉斯斯坦共5个前苏联加盟共和国扩大到整 个前苏联"版图"，最后辐射到亚太地区。欧亚经济联盟作为"欧亚联盟"的关键环节，已于2015年正式启动，预计在2025年实现商品、服务、资金和劳动力的自由流动，最终将建成类似于欧盟的经济联盟，形成一个拥有1.7亿人口的统一市场。"欧亚联盟"与"一带一路"的战略对接前景广阔。丝绸之路经济带对于推动俄罗斯将经济发展的重心东移到西伯利亚和远东地区，缩小其亚洲部分与欧洲部分的经济差距，建成"欧亚联盟"有着重要意义。

러시아의 '유라시아 연맹'

2011년 10월 5일 당시 푸틴 러시아 총리가 러시아 신문『이즈베스티아』에 기고문을 발표하여 '유라시아 연맹'이라는 발전 이념을 제시하였다. '유라시아 연맹'의 설립 목적은 점차적으로 독립국가연합(CIS) 구성원들을 통합시켜 통일된 관세연맹과 경제 공간을 구축하고, "독립국가연합 지역경제 일체화 수준"의 향상을 통하여 최종적으로 초국가적 주권국가연맹을 건립하자는 것이었다. 러시아는 독립국가연합을 돌파구로 하여 '유라시아 연맹'의 범위를 현재의 러시아, 벨라루스, 카자흐스탄, 아르메니아, 타지키스탄, 키르기스스탄 등 6 개의 옛 소련 국가로부터 옛 소련의 전체 영역까지 확장시켜, 최종적으로는 아시아 태평양 지역까지 영향을 미치도록 할 계획이다. 유라시아 경제연맹은 '유라시아 연맹'의 관건으로 이미 2015년 정식으로 출범되었으며, 2025년에는 상품, 서비스, 금융과 노동력의 자유로운 유동이 실현되고, 최종적으로 유럽연합(EU)과 유사한 경제연맹이 형성되며, 1.7억 인구를 보유한 통일된 시장이 이루어질 것이다. '유라시아 연맹'과 '일대일로'의 전략적 접목에 대한 전망은 밝다. 실크로드 경제지대는 러시아가 경제발전의 무게중심을 동쪽 시베리아와 극동지역으로 이전시켜 아시아 부분과 유럽 부분의 경제적 격차를 줄여, '유라시아연맹'의 목표를 성공적으로 달성하려는데 중요한 의의를 가지고 있다.

哈萨克斯坦"光明之路"

　　哈萨克斯坦总统纳扎尔巴耶夫在2014年11月发表的国情咨文中宣布，实行"光明之路"新经济政策，以大规模的投资计划促进哈萨克斯坦的经济增长。"光明之路"计划在3年之内将90亿美元分配到运输物流业建设、工业和能源基础设施建设、公共设施和水热供应网络改善、住房和社会基础设施建设、中小型企业扶持等方面。"光明之路"的核心在于对运输和物流基础设施项目的大规模投资，目的在于发展哈萨克斯坦的国内运输网络，并将哈萨克斯坦打造成连接中国、欧洲与中东各大市场的全球交通走廊。哈萨克斯坦决策者预计"光明之路"的实施将使沿中国、中亚、俄罗斯和欧洲线路运输的货运量翻一番，达到每年3300万吨。中哈两国领导人多次指出，"光明之路"与"一带一路"有众多契合点和互补性。双方表达了对接的强烈意愿，并已采取务实措施。

카자흐스탄의 '광명의 길'

2014년 11월 카자흐스탄 대통령 나자르바예프가 발표한 국정보고서에서 '광명의 길' 프로젝트라는 새로운 경제정책을 실시하여, 대규모 투자를 통해 카자흐스탄의 경제성장을 촉진하겠다고 밝혔다. '광명의 길' 프로젝트에 따르면 3년 내에 운수 물류업 건설, 공업과 에너지 기반시설의 건설, 공공설비시설과 물 난방 공급망 개선, 주택과 인프라의 건설, 중소기업지원 등 분야에 90억 달러를 투입하겠다는 것이었다. '광명의 길' 프로젝트의 핵심은 운수와 물류기반시설에 대한 대규모 투자에 있으며, 그 목적은 카자흐스탄의 국내 운수 네트워크를 발전시키고, 또한 카자흐스탄이 중국·유럽·중동의 대규모 시장들과 연결되는 글로벌 교통회랑을 조성하는 데 있다고 했다. 카자흐스탄 정책결정 책임자는 '광명의 길' 프로젝트의 실시로 중국·중앙아시아·러시아·유럽에 이르는 선로의 화물 운송량이 두 배로 늘어나 매년 3,300만 톤에 달할 것이라고 예측하였다. 중국과 카자흐스탄 양국의 지도자들은 '광명의 길' 프로젝트와 '일대일로' 계획 사이에는 많은 공통점과 보완성을 갖추고 있다고 여러 차례 주장하였다. 양국은 전략적 접목의 강한 의지를 표명하고 이미 실무대책을 마련하였다.

蒙古国"草原之路"

2014年11月，蒙古国提出基于地处欧亚之间的地理优势，准备实施"草原之路"计划，旨在通过运输和贸易振兴蒙古国经济。"草原之路"计划由5个项目组成，总投资需求约为500亿美元，具体包括：建设长达997千米的高速公路直通中俄，新建输电线路1100千米，在蒙古现有铁路基础上进行扩展，对天然气和石油管道进行扩建。蒙古国政府认为，"草原之路"计划将为蒙古国新建交通干道沿线地区带来更多的商机，并可带动当地各类产业的升级改造。蒙古国的核心产业即能源产业和矿业也会享受到此计划带来的直接好处，这必将使行业得到新的腾飞。中蒙两国领导人多次表示，"一带一路"与"草原之路"高度契合，符合双方共同发展利益。

몽골의 '초원의 길'

2014년 11월 몽골은 유라시아 지역 중간 지점에 위치하고 있다는 지리적인 이점을 기초로 '초원의 길' 프로젝트를 실시할 것이고, 그 취지는 운수와 무역을 통하여 몽골경제를 진흥시키는 데 있다고 발표하였다. '초원의 길' 계획의 총 투자액은 약 500억 달러이고, 5개 프로젝트로 구성되어 있는데, 구체적으로는 중국과 러시아를 직통하는 997㎞에 달하는 고속도로를 건설하는 것과 동시에 1,100㎞의 송전선을 새로 건설하고, 또한 현재 보유하고 있는 철도망을 확충하며, 천연가스와 송유관의 확장 건설 등이 포함된다고 했다. 몽골 정부는 '초원의 길' 계획으로 새로 건설될 간선도로 주변지역에 더 많은 상업 기회를 가져오게 될 것이며, 또한 현지의 각종 산업구조의 업그레이드와 승격을 이끌어나갈 수 있다고 전망하였다. 뿐만 아니라 몽골의 핵심 산업, 즉 에너지산업과 광업도 '초원의 길' 계획이 가져올 직접적인 혜택을 누리게 되고, 도약할 새로운 기회를 맞게 될 것이라고 했다. 중국과 몽골 양국의 지도자들은 여러 차례 '일대일로'와 '초원의 길' 계획이 서로 잘 맞물려 있어, 양국의 공동발전 이익에 부합되는 것이라고 강조하였다.

印度 "季风计划"

　　"季风计划"是印度莫迪政府尝试"借古谋今"的一种外交战略新构想，设想在从南亚次大陆到整个环印度洋的广大区域内，打造以印度为主导的环印度洋地区互利合作新平台。"季风计划"以深受印度文化影响的环印度洋地区及该地区国家间悠久的贸易往来历史为依托，以印度为主力，推进环印度洋地区国家间在共同开发海洋资源、促进经贸往来等领域的合作。莫迪政府的"季风计划"经历了从最初的文化项目定位发展成为具有外交、经济功能的准战略规划。印度是古代"海上丝路"的重要驿站，也是中国共建共享"一带一路"的重要伙伴。"季风计划"与"一带一路"在结构和本质上并不具有天然的对抗性，反而能实现相互对接甚至融合。

인도의 '마우삼(Mausam) 계획'

'마우삼 계획'은 인도 나렌드라 모디(Narendra Modi) 정부가 시도한 "옛 것을 비러 오늘을 도모한다"는 일종의 외교전략 상의 새로운 구상으로, 남아시아 아대륙에서 환(環)인도양의 모든 연안지역까지 광범위한 지역 내에 인도가 주도하는 '환인도양지역'의 호혜협력의 새로운 무대를 조성한다는 것이다. '마우삼 계획'은 인도문화로부터 많은 영향을 받은 '환인도양지역' 및 이 지역 국가 간의 오래된 무역 역사를 기초로 하여, 인도정부가 주축이 되어 '환인도양 지역' 국가 간에 해양자원의 공동개발을 추진하고, 경제무역 왕래 등 분야에서의 협력을 발전시키자는 것이다. 모디 정부의 '마우삼 계획'은 처음 문화적 프로젝트 성격의 구상으로 출발했지만, 현재 외교와 경제기능을 갖춘 준 전략적 프로젝트로 발전하게 되었다. 인도는 고대 해상실크로드의 주요 거점이었으며, 또한 "함께 건설하여 함께 누린다"는 중국의 '일대일로' 계획의 중요한 파트너이기도 하다. '마우삼 계획'과 '일대일로'는 구조와 본질적으로 대립되는 것이 아니라, 오히려 상호 접목할 수 있고, 더 나아가 통합까지도 이루어질 수 있다.

俄印伊"北南走廊计划"

　　"北南走廊计划"最早由俄罗斯、印度、伊朗三国于2000年发起，计划修建一条从南亚途经中亚、高加索、俄罗斯到达欧洲的货运通道。"北南走廊"规划全长5000多千米，预计建成后较现在的欧亚运输路线缩短40%，其运费也将相应减少30%。该运输走廊将北起芬兰湾的圣彼得堡，经俄南部的里海港口阿斯特拉罕，跨里海至伊朗北部的诺乌舍赫尔港，再南下至伊朗南部港口城市阿巴斯，穿过阿曼湾，最后经阿拉伯海抵达印度港口孟买，其中包括公路、铁路、海运等多种运输形式。该运输走廊计划将印度西海岸港口和伊朗在阿拉伯海的阿巴斯港和查赫巴尔港连接起来。该计划自提出以来就因资金迟滞、政治分歧，尤其是处在核心位置的伊朗态度日渐消极而一直进展缓慢，以至于在相当长时间里，各方都没有就实际运作方案达成共识。2011年，印度的积极推动使该计划得以重获生机。近年来，已经有包括中亚国家在内的16个国家参与到这个项目中。但是，印度积极推动的"北南走廊计划"因其与巴基斯坦的潜在冲突，发展前景不被看好。

러시아·인도·이란의 '북남회랑계획'

'북남회랑계획'은 최초 러시아·인도·이란 등 3개국이 2000년에 발기하였으며, 이 3개국은 남아시아에서 중앙아시아·코카서스·러시아를 경유하여 유럽에 이르는 화물운송통로를 건설하는 것이다. '북남회랑'은 총길이 5000여 km로 설계되었으며, 완공 후 현재의 유라시아 운송노선보다 약 40%가 단축되고, 운송비용도 30% 정도 감소할 것으로 예측된다. 이 운수 통로는 북으로는 핀란드만의 상트페테르부르크에서 러시아 남부 카스피해 항구의 아스트라칸을 지나고, 카스피해를 건너 이란 북부의 노우 샤흐르와 남부의 항구도시 반다르 아바스를 거쳐 아만만을 건너 마지막으로 아라비아 해를 건너 인도 뭄바이 항구까지 연결되는 통로이다. 그중에는 고속도로, 철도, 해운 등 다양한 운수방식이 포함되어 있다. 이 운수회랑계획은 인도양의 서해안 항구와 아라비아 해에 있는 이란의 아바스항과 차바르항까지 연결될 것이다. 이 계획은 투자의 지연, 정치적 분쟁, 더 나아가 핵심적 위치에 있는 이란의 태도가 소극적이기 때문에, 계속해서 진행속도가 느려지고 있다. 오랜 기간 동안 해당 국가들은 실질적인 시행방안에 관하여 공통된 인식을 이끌어내지 못하고 있다. 2011년 인도의 적극적인 추진으로 이 계획은 다시 활기를 되찾게 되었다. 최근 중앙아시아지역의 국가를 포함한 16개국이 이 프로젝트에 참여하였다. 그러나 인도가 적극적으로 추진한 '북남회랑계획'은 파키스탄과의 잠재된 충돌 때문에 발전 전망이 그리 밝지 않다.

欧盟 "南部能源走廊"

"南部能源走廊"也称"南部走廊输气网",是欧盟一直倡导的大型重点项目,旨在减少对单一国家的天然气依赖,实现欧洲能源供应渠道的多元化。欧盟在与相关国家谈判多年后,于2008年提出建设一个以纳布科天然气管道为主的"南部走廊"输气管道网络。纳布科天然气管道项目由欧盟投资,全长约3300千米,目的是将里海地区的天然气经土耳其、保加利亚、罗马尼亚和匈牙利输送至奥地利后,再输往欧盟其他国家。该项目预计投资总额为79亿欧元,年输送天然气能力为310亿立方米。当前,欧盟"南部能源走廊"构想在气源选择、管道过境以及国际环境等方面,依旧存在诸多掣肘,供气计划障碍重重,欧盟实现能源安全之路任重道远。

유럽연합의 '남부 에너지회랑'

'남부 에너지회랑'은 '남부 회랑 가스 수송망'이라고도 한다. 유럽연합이 줄곧 제창해왔던 대규모 중점 프로젝트로서 그 취지는 특정 국가에 대한 천연가스 의존도를 낮추고, 유럽의 에너지 공급 경로의 다변화를 실현하려는 것이다. 유럽연합은 관련 국가들과 다년간의 협상을 거쳐 2008년 나푸카 천연가스 파이프라인을 주축으로 하는 '남부 회랑' 파이프라인 네트워크 건설을 제시하였다. 나푸카 천연가스 파이프라인 프로젝트는 유럽연합이 투자하는 총길이 약 3,300km가 되는 프로젝트이다. 그 목적은 카스피해지역의 천연가스를 터키, 불가리아, 루마니아와 헝가리를 거쳐 오스트리아까지 수송한 후에 다시 유럽연합 기타 국가로 수송하는 것이다. 이 프로젝트의 투자 총액은 79억 유로이고, 연간 천연가스 수송능력은 310억㎥이다. 지금까지 유럽연합 '남부 에너지회랑'의 구상은 가스 공급원 선택 국가 간 파이프라인 설치 및 국제적인 환경 등의 문제에 많은 제한 요소들이 존재하고 있어, 가스공급계획에 차질이 빚어지고 있다. 유럽연합의 에너지에 대한 안전망 확보는 그 실현 가능성이 험난하다고 할 수 있다.

美国"新丝绸之路计划"

美国"新丝绸之路计划"起源于霍普金斯大学弗雷德里克·斯塔尔教授于2005年提出的"新丝绸之路"构想。2011年7月，时任美国国务卿希拉里在印度参加第二次美印战略对话期间正式提出了"新丝绸之路计划"：以阿富汗为中心，通过中亚和南亚在政治、安全、能源、交通等领域的合作，建立一个由亲美的、实行市场经济和世俗政治体制的国家组成的新地缘政治版块，推动包括阿富汗在内的中亚地区国家的经济社会发展，服务于美国在该地区的战略利益。同年10月，美国国务院向美国驻有关国家大使馆发出电报，要求将美国的中亚、南亚政策统一命名为"新丝绸之路"战略，并将其向国际伙伴通报。这标志着"新丝绸之路计划"正式成为美国的官方政策。目前，"新丝绸之路计划"的部分项目已经完工，如乌兹别克斯坦—阿富汗铁路已经竣工，塔吉克斯坦桑土达水电站开始向阿富汗送电。从美国的官方表态及实际进展来看，该计划虽然面临许多困难和风险，如地区内国家基础设施落后、资金不足、相互缺乏信任，以及恐怖主义和极端主义肆虐等，但美国从未明确放弃该计划。

미국의 '뉴 실크로드 계획'

미국의 '뉴 실크로드 계획'은 2005년 존스홉킨스 대학의 프레드릭 스탈 교수가 제시한 '뉴 실크로드' 구상에서 비롯된 것이다. 2011년 7월 당시 재임 중인 힐러리 클린턴 미국 국무장관은 인도에서 열린 제2차 미국·인도 전략대화에 참석한 기간 중에 정식으로 '뉴 실크로드 계획'을 제시하였다. 그 내용은 다음과 같았다. 즉 "아프가니스탄을 중심으로 하여 중앙아시아, 남아시아와 정치·안전·에너지·교통 등의 분야에서 협력을 통해 친미적이며 시장경제와 비종교적인 정치체제를 시행하는 국가들로 구성된 새로운 지정학적 구도를 조성하고, 아프가니스탄을 포함한 중앙아시아지역 국가들의 경제 사회발전을 이끌어 내며, 이 지역에서 미국의 전략적 이익에 기여할 수 있도록 한다"는 것이었다. 같은 해 10월 미국 국무원은 해당 국가 주재 미국대사관에 전보를 보내 미국의 중앙아시아와 아시아에 관한 정책을 모두 '뉴 실크로드' 전략으로 부르도록 할 것을 요구하였으며, 또한 국제 파트너에게도 통보하였다. 이는 '뉴 실크로드 계획'이 정식으로 미국 정부의 공식 정책이 되었음을 의미하는 것이었다. 현재 '뉴 실크로드 계획' 중 일부 프로젝트는 이미 완공되었고, 우즈베키스탄·아프가니스탄 철도는 이미 준공되었으며, 타지키스탄의 쌍투다 수력발전소는 이미 아프가니스탄에 송전을 시작하였다. 미국의 공식 태도와 실제 진전 상황을 봤을 때, 이 계획은 지역 내 국가 인프라의 낙후·자금부족·상호신뢰 부재 및 테러리즘과 극단주의의 횡포와 같은 어려움과 위험 요소에 직면하고 있지만, 지금까지 미국은 이 계획을 포기할 의사를 명확히 밝히지 않고 있다.

韩国 "丝绸之路快速铁路"

　　时任韩国总统朴槿惠于2013年10月提出了名为 "丝绸之路快速铁路" 的构想，旨在构建连接韩国、朝鲜、俄罗斯、中国、中亚、欧洲的*丝绸之路快速铁路*，并在欧亚地区构建电力、天然气和输油管线等能源网络。"丝绸之路快速铁路" 是韩国 "欧亚倡议" 的核心内容之一，它以铁路为中心，通过铁路、道路、港口及航空构筑起一体化的物流运输交通体系。韩国的 "丝绸之路快速铁路" 计划因朝韩关系停滞、"欧亚倡议" 落地困难等原因而踟躇不前。作为中国的近邻，韩国政府和企业对 "一带一路" 建设的关注正在逐步增加。

한국의 '실크로드 고속철도' 구상

2013년 10월 재임 중이던 한국의 박근혜 대통령은 '실크로드 고속철도' 구상을 제시하였다. 그 취지는 한국, 조선(북한), 러시아, 중국, 중앙아시아, 유럽을 연결하는 실크로드 고속철도를 건설하자는 것이다. 또한 유럽과 아시아지역에 전력, 천연가스와 송유관 등 에너지 네트워크를 구축하자는 것이었다. '실크로드 고속철도'는 한국의 '유라시아 이니셔티브'의 핵심 내용 중 하나로 철도를 중심으로 철도, 도로, 항구 및 항공시설을 통하여 통합된 물류, 운송, 교통시스템을 구축해 나간다는 것이었다. 한국의 '실크로드 고속철도' 계획은 한국과 조선(북한)의 관계 정체, '유라시아 이니셔티브' 안착의 어려움 등의 원인으로 인해 진전되지 않고 있다. 중국의 가까운 이웃으로 한국 정부와 기업들은 '일대일로' 건설에 대한 관심이 점차 높아지고 있다.

日本"丝绸之路外交"

日本"丝绸之路外交"由时任首相桥本龙太郎于1997年首次提出，初衷是保障日本能源来源的多元化。桥本龙太郎倡议把中亚及高加索八国称为"丝绸之路地区"，并将其置于日本新外交战略的重要位置。此后，日本对中亚的外交逐渐被称为"丝绸之路外交"。日本提出这一战略有如下意图：一是从经济利益考虑出发，保障自身能源来源的多元化，抢先占据中亚地区这个储量不亚于中东的能源宝库；二是从地缘政治着眼，谋求日本在中亚和高加索地区站稳脚跟。2004年，日本重提"丝绸之路外交"战略，并推动设立"中亚+日本"合作机制，旨在通过加强政治影响和经济渗透来争取中亚地区的能源开发与贸易主导权。2012年，日本向"丝绸之路地区"提供2191．3万美元的政府发展援助，投资领域涉及道路、机场、桥梁、发电站、运河等基础设施建设。2015年10月，安倍晋三出访蒙古和中亚五国，目的是要激活"日本与中亚对话"机制，侧重在运输和物流等领域促进合作，表明"日本针对中国的'跟跑外交'策略已在中亚拉开帷幕"。

일본의 '실크로드 외교'

일본의 '실크로드 외교'는 전임 수상인 하시모토 류타로(橋本龍太郎)가 1997년 처음으로 제시한 것으로 취지는 일본 에너지 공급원의 다변화를 보장하려는 것이었다. 하시모토 류타로 전 수상은 중앙아시아 및 코카서스 지역 8개국을 '실크로드 지구'로 지정하였으며, 또한 일본 신외교 전략의 중요한 위치를 차지하게 하자고 제안하였다. 이후 일본의 중앙아시아에 대한 외교는 점차적으로 '실크로드 외교'라고 불리게 되었다. 일본의 이러한 전략 제시에는 다음과 같은 의도가 있었다. 첫째, 자국의 경제이익을 고려하는 데서 출발하여 에너지 공급원의 다변화를 보장하고, 중동에 뒤지지 않는 에너지 저장량을 보유하고 있는 에너지 자원의 보고인 중앙아시아지역을 선점하겠다는 것이었다. 둘째, 지정학 차원에서 착안했다는 점으로 일본이 중앙아시아와 코카서스지역에서의 입지를 확고히 하려는 것이었다. 2004년 일본은 재차 '실크로드 외교' 전략을 제시하고, '중앙아시아+일본' 협력메커니즘 구축을 추진하면서 정치적 영향력과 경제적 침투 강화를 통하여 중앙아시아지역의 에너지개발과 무역 주도권을 차지하려고 했다. 2012년 일본은 '실크로드 지역'에 2,191.3만 달러의 정부 발전지원금을 제공하였으며, 투자 영역은 도로·공항·교량·발전소·운하 등의 인프라 건설이 포함되었다. 2015년 10월 아베 신조 일본 수상은 몽골과 중앙아시아 5개국을 순방하였는데, 그 목적은 '일본과 중앙아시아의 대화 메커니즘'을 활성화시켜, 운수와 물류 등 중점 분야에서 협력을 추진해 나가려는 데 있었다. 이것은 일본이 중국을 겨냥한 '따라잡는 외교' 책략이 이미 중앙아시아에서 막이 올랐다는 것을 의미하는 것이었다.

협력 사례

- 合作案例 -

中白工业园

2010年3月，时任中国国家副主席习近平到访白俄罗斯，白俄罗斯政府希望能够借鉴中国一新加坡苏州工业园区的模式，在其境内建立中白工业园。2011年9月18日，两国政府签订了关于中白工业园的协定。2012年8月27日，中白工业园区开发股份有限公司成立。2014年6月19日，该工业园在明斯克奠基。2015年5月10日，习近平主席在与卢卡申科总统会谈时，建议推动两国发展战略对接，共建丝绸之路经济带，把中白工业园建设作为合作重点，发挥政府间协调机制作用，谋划好园区未来发展，将园区项目打造成丝绸之路经济带上的明珠和双方互利合作的典范。中白工业园是中国在海外建设的层次最高、开发面积最大、政策条件最为优越的工业园区。该工业园总面积91.5平方千米，连接欧亚经济联盟与欧盟国家，国际公路、洲际公路、铁路穿越园区，具有良好的区位优势。中白工业园将以先进制造业和现代服务业为支撑，吸引和积聚智力资源，建成集"生态、宜居、兴业、活力、创新"五位一体的国际新城。

중국·벨라루스 산업단지

2010년 3월 당시 시진핑 중국 국가 부주석이 벨라루스를 방문했을 때, 벨라루스 정부는 중국·싱가포르 쑤저우 산업단지를 참조하여, 벨라루스에 중국·벨라루스 산업단지를 건설하기를 희망하였다. 2011년 9월 18일 양국 정부는 중국·벨라루스 산업단지에 관한 협정을 체결하였고, 2012년 8월 27일 중국·벨라루스 산업단지개발 유한공사를 설립하였다. 2014년 6월 19일 이 산업단지는 벨라루스 민스크에서 기공식을 가졌다. 2015년 5월 10일 시진핑 주석은 알렉산드르 루카 쉔 코 대통령과의 회담에서 양국의 발전전략의 접목을 추진하고, 실크로드 경제지대를 공동 건설하며, 중국·벨라루스 산업단지를 양국 협력의 중점사업으로 확정하여 정부 간 조율체제의 역할을 활용하고, 산업단지의 미래 발전 계획을 잘 세워, 이 산업단지를 실크로드 경제지대의 스타 프로젝트, 양국의 호혜협력의 본보기가 되도록 하자고 제의하였다. 중국·벨라루스 산업단지는 중국이 해외에 건설한 수준이 가장 높고 개발면적이 가장 넓으며 정책 조건이 가장 좋은 산업단지이다. 산업단지의 총면적은 91.5㎢로 유라시아 경제연맹·유럽연합국가와 연결되며, 국제 도로·대륙간 도로와 철도가 산업단지를 통과하여 양호한 지리적 장점을 가지고 있다. 중국·벨라루스 산업단지는 선진 제조업과 현대적 서비스업을 주축으로 지(智)적 자원을 흡수하고 결집시켜 '오위 일체(五爲一體)' 즉 '친환경·웰빙·사업 흥기·활기·혁신(創新)'적인 국제신도시를 건설하자는 것이다.

瓜达尔港自由区

2013年5月，在李克强总理出访巴基斯坦过程中，双方同意共同建设"中巴经济走廊"，涉及能源、交通基建等多个方面的合作。2015年4月，习近平主席出访巴基斯坦，进一步推进两国合作事宜。作为"中巴经济走廊"重点项目之一和瓜达尔港开发项目的重要组成部分，瓜达尔港自由区将以港口为依托，重点发展商贸物流、加工贸易、仓储和金融等产业。该自由区奠基仪式于2016年9月1日举行，巴基斯坦总理谢里夫出席，这标志着瓜达尔港建设从港区朝着工业园区扩展，进入新的发展阶段。瓜达尔港自由区将沿用类似深圳蛇口的建设模式，形成一个包括"港口 + 园区 + 城区"的综合体。巴基斯坦方面将会在土地使用、税收等多个方面给予该自由区以优惠。建成后的瓜达尔港自由区将不仅仅发挥单纯的港口运输功能，围绕这一自由区将形成一整个工业园区，以及相关的贸易、金融多个产业聚集区，不仅会极大地推动瓜达尔港加速开发，而且将带动巴基斯坦俾路支省乃至全国的整体发展。

과다르(Gwadar)항 자유지역

　2013년 5월 리커창 중국 국무원 총리가 파키스탄을 방문하는 동안 양국은 '중국·파키스탄 경제회랑' 공동건설과 이에 관련된 에너지·교통 기반시설 건설 등 다방면의 협력을 추진하기로 하였다. 2015년 4월 시진핑 중국 국가주석은 파키스탄을 방문하여 양국의 협력 사업을 한층 더 추진하였다. '중국·파키스탄 경제회랑'의 중점사업 중의 하나이자 과다르항 개발사업의 중요한 부분인 과다르항 자유지역은 항구를 기반으로 삼아 상업물류·가공무역·물류창고·금융 등의 산업을 중점적으로 발전시켜 나갈 것이다. 이 자유지역의 정초식은 2016년 9월 1일 진행되었으며 파키스탄 총리 세리 푸가 참석하였는데, 이는 과다르항 건설이 항구 지역에서 공업단지로 확장되고 새로운 발전단계로 진입했음을 상징하는 것이었다. 과다르항 자유지역은 선전(深圳) 서커우(蛇口)의 건설모델을 차용하여 '항구+산업단지+도시지역' 형식의 종합단지를 형성하게 될 것이다. 파키스탄 정부는 자유지역에 토지사용·세수 등 다방면의 혜택을 제공한다고 하였다. 완공 후 과다르항 자유지역은 단순한 항만 운수 기능만을 수행하는 것이 아니라, 자유지역을 중심으로 완비된 산업단지 및 관련된 무역, 금융과 같은 다양한 산업의 집결지가 될 것이다. 이것은 과다르항 개발의 가속화를 최대한 이끌어 낼 뿐만 아니라, 파키스탄의 발루치스탄주, 더 나아가 전국의 전반적인 발전을 촉진시킬 것이다.

科伦坡港口城

　　科伦坡港口城是斯里兰卡目前最大的外国投资项目，位于首都科伦坡核心商贸区，通过在科伦坡港口附近填海造地的方式，建造一个有高尔夫球场、酒店、购物中心、水上运动区、公寓和游艇码头在内的港口城。该项目由中国交通建设股份有限公司与斯里兰卡国家港务局共同开发。该项目并非两国的政府间项目，而是公私合营的投融资项目，即由斯里兰卡政府负责环境、规划和施工许可，中国企业负责投融资、规划、施工和运营。按最初计划，该港口城规划建筑规模超过530万平方米，工程直接投资14亿美元，将带动二级开发投资约130亿美元，为斯里兰卡创造超过8.3万个长期就业岗位。该项工程于2014年9月17日开工，后因斯里兰卡大选以及政府更迭等因素影响，建设进展有所延宕。经中方多方面交涉，在2016年8月签署新的三方协议后，该工程项目得以继续推进。

콜롬보 항구도시

콜롬보 항구도시는 현재 스리랑카 최대의 외국투자 프로젝트로 수도 콜롬보의 핵심 상업지역에 위치하고 있다. 이 프로젝트는 콜롬보 항구 주변 해안에 바다를 매립하여 토지를 조성하는 방식을 통하여 골프장, 호텔, 쇼핑센터, 수상레저단지, 아파트와 유람선 선착장을 갖춘 항구도시를 건설하는 것이다. 이 프로젝트는 중국 교통건설 유한주식 회사와 스리랑카 국가 항무국이 공동 개발한다. 이 프로젝트는 양국 정부 간의 사업이 아니라 공사합영(PPP)의 투융자사업으로 스리랑카 정부가 환경·기획·시공 허가를 책임지고, 중국기업이 투융자·기획·시공·운영을 책임진다. 최초 계획에 따르면 이 항구도시의 건축규모는 530만㎡가 넘으며, 직접투자 규모는 14억 달러에 달한다. 이는 약 130억 달러가 되는 2차 투자를 이끌어 낼 뿐만 아니라, 스리랑카에 8.3만 개가 넘는 장기적인 일자리를 창출하게 될 것이다.

이 프로젝트는 2014년 9월 17일 시작되었지만, 이후 스리랑카 대선 및 정부 교체 등의 영향 때문에 건설이 지연되었다. 중국 측은 다방면의 교섭을 통하여 2016년 8월 새로운 삼자협의를 공식적으로 체결한 후 이 사업을 지속적으로 추진하게 되었다.

中欧班列

2011年3月，自重庆出发的首趟中欧班列从新疆阿拉山口口岸出境，标志着铁路开始成为海运、空运之外连接亚欧大陆的第三条运输大道。此后，在"一带一路"倡议的推动下，中欧班列进入高速发展期。2015年3月中国发布的《推动共建丝绸之路经济带和21世纪海上丝绸之路的愿景与行动》，明确将中欧班列建设列为国家发展重点。2016年6月8日起，中国铁路正式启用"中欧班列"统一品牌。目前，40条中欧班列线经新疆、内蒙古、东北三个方向出境，通往中亚、俄罗斯、中东欧、西欧等地。随着义乌至伦敦线于2017年1月开通，"中欧班列"的开行范围已覆盖欧洲10个国家的15个城市。据统计，2016年，中国共开行"中欧班列"1702列，同比增长109%。中欧班列作为"铁轨上的'一带一路'"，推进了中国与沿线国家的互联互通，它不再只是一条条开放的线段，而是已形成一张开放的网络；它不仅发挥着货物运输通道的功能，而且将承担更多的使命：吸纳全球资金、资源、技术、人才等产业要素，发挥全球产业衔接功能。

중국·유럽 간의 정기열차

2011년 3월 중국 충칭(重慶)에서 출발하는 첫 번째 중국·유럽 정기열차가 신장(新疆) 아라산구(阿拉山口) 항에서 출국했다. 이것은 철도가 해상운송, 항공운송 이외에 아시아와 유럽대륙을 연결하는 제3의 운송통로가 생겼다는 것을 상징하고 있다. 이후 '일대일로' 이니셔티브를 추진하면서 중국·유럽 간의 정기열차는 빠른 발전단계로 진입하였다. 2015년 3월 중국이 발표한 「실크로드 경제지대와 21세기 해상실크로드 공동 건설을 추진하는 비전과 행동」은 중국·유럽 간의 정기열차 건설을 국가 중점 발전사업 중 하나로 명확히 규정하였다. 2016년 6월 8일부터 중국 철도는 정식으로 '중국·유럽 간의 정기열차'라는 통일된 브랜드를 사용하기 시작하였다. 현재 40개의 중국·유럽 간의 정기열차 노선이 개통되었고, 신장·네이멍구(內蒙古), 동북 3개 방향에서 출국하여 중앙아시아·러시아·동유럽·서유럽 등지로 운행된다. 중국 이우(義烏)에서 런던까지 가는 노선이 2017년 1월 개통됨에 따라 '중국·유럽 정기열차'의 운행 범위는 이미 유럽 10개국 15개 도시로 확대되었다. 통계에 따르면 2016년 중국이 운행하는 '중국·유럽 간의 정기열차'는 모두 1,702대로 동기 대비 109% 증가하였다. 중국·유럽 정기열차는 '철로 위의 일대일로'가 되었으며, 중국과 철도 주변국가 간의 상호연결과 교류를 촉진하였다. 이 철도는 더 이상 단순한 일직선의 선로가 아니라 이미 개방된 네트워크가 형성된 것이다. 또한 화물운송 통로의 기능을 할 뿐만 아니라 더 많은 사명을 짊어지게 될 것이다. 즉 전 세계의 자금·자원·기술·인재 등 산업 요소들을 유치하여 글로벌 산업과의 접목 기능을 발휘하게 될 것이다.

雅万铁路

雅万铁路是中国企业参与投资建设的印度尼西亚首条高速铁路，从该国首都雅加达至第四大城市万隆，全长150千米，将采用中国技术、中国标准和中国装备，设计时速为每小时250至300千米。建成通车后，从雅加达至万隆的时间将缩短为约40分钟。2015年10月16日，中国铁路总公司在雅加达与印度尼西亚四家国有企业签署协议，组建中国—印尼雅万高铁合资公司，负责印尼雅加达至万隆高速铁路项目的建设和运营。雅万高铁项目是国际上首个由政府主导搭台、两国企业间进行合作建设的高铁项目，是国际铁路合作模式的一次探索和创新。2016年1月21日，雅万高铁项目开工奠基。雅万铁路不仅将直接拉动印尼冶炼、制造、基建、电力、物流等配套产业发展，增加就业机会，推动产业结构升级，而且建成通车后，能够极大地方便民众出行，促进沿线商业开发，带动沿线旅游产业快速发展，并为中国—印尼之间在基础设施、商贸等领域的进一步合作奠定良好基础。

자카르타·반둥 간의 철도

자카르타·반둥 간의 철도는 중국기업이 투자건설에 참여한 인도네시아 최초의 고속철도이며, 인도네시아 수도 자카르타에서 네 번째로 큰 도시인 반둥까지 총길이 150㎞로 중국의 기술·중국의 표준·장비를 도입하여 시속 250~300㎞로 설계되었다. 완공하고 개통되면 자카르타에서 반둥까지의 시간은 약 40분으로 단축될 것이다. 2015년 10월 16일 중국 철도 총공사는 자카르타에서 인도네시아의 국유기업 4곳과 협의에 서명하고, 중국·인도네시아 자카르타 고속철도 합자회사를 설립하여 인도네시아 자카르타에서 반둥까지 고속철도의 건설과 운영을 책임지기로 하였다. 자카르타·반둥 간의 고속철도사업은 국제적으로 정부가 나서서 추진하고 양국 기업들이 협력하여 건설하는 최초의 고속철 프로젝트로서, 국제철도 협력방식에 있어서 새로운 탐색과 혁신이었다. 2016년 1월 21일 자카르타 고속철도사업이 기공식을 가졌다. 자카르타·반둥 간의 철도는 인도네시아의 제련·제조·인프라 건설·전력·물류 등 연관 산업발전에 직접적인 성장 동력을 제공할 수 있을 뿐만 아니라, 취업기회를 늘리고 산업구조의 승격을 이끌며, 또한 개통되면 많은 지역 주민들에게 큰 교통편의를 제공할 수 있게 되고, 철도 주변지역의 상업개발을 촉진시키며, 철도 주변지역의 관광산업이 빠르게 발전하는 원동력이 될 것이다. 또한 중국·인도네시아의 인프라·상업무역 등 분야에서 양국 간의 협력을 발전시키는데 중요한 기반을 다지게 될 것이다.

中老铁路

2010年4月，中国与老挝两国间首次就合资建设、共同经营中老铁路达成共识；2012年10月，老挝国会批准了中老铁路项目；2015年12月，中老铁路老挝段举行了奠基仪式；2016年12月25日，中老铁路全线开工仪式在老挝北部琅勃拉邦举行。中老铁路不仅是第一个以中方为主投资建设、共同运营并与中国铁路网直接联通的境外铁路项目，也是继印尼雅万高铁项目之后第二个全面采用中国标准、中国技术和装备的国际铁路建设项目。该条线路同时也将成为泛亚铁路网的重要组成部分。中老铁路北起两国边境磨憨—磨丁口岸，南至万象，全长400多千米，其中62.7%以上路段为桥梁和隧道，设计时速160千米，预计2021年建成通车，总投资近400亿人民币，由中老双方按70%和30%的股比合资建设。中老铁路项目建成后，一方面将极大地带动老挝经济社会发展，提高当地运输效率和水平，扩大和提升老中两国在经济、贸易、投资、旅游等领域的合作，进一步增强中国—东盟自贸区的经济联系；另一方面也将为中国西南地区经济发展注入新的动力。

중국·라오스 간의 철도

2010년 4월 중국과 라오스 양국은 중국·라오스 간의 철도에 대한 합자건설과 공동경영에 처음으로 합의를 하고, 2012년 10월 라오스 국회에서 중국·라오스 간의 철도사업을 비준하였으며, 2015년 12월 중국·라오스 철도 라오스 구간의 정초식을 진행하였고, 2016년 12월 25일 중국·라오스 간의 철도 전체 선로 개공식이 라오스 북부 루앙프라방에서 진행되었다. 중국·라오스 간의 철도는 중국 측이 주축이 되어 투자건설과 공동운영을 하는 사업일 뿐만 아니라, 중국 철도망과 직접적으로 연결되는 해외철도사업으로 인도네시아 자카르타·반둥 고속철도사업을 이어 전면적으로 중국의 표준·중국의 기술과 장비를 사용하는 또 하나의 국제철도건설 사업이다. 또한 중국·라오스 간의 철도는 범아시아 철도망의 중요한 구성 부분이 될 것이다. 중국·라오스 간의 철도는 북쪽 양국 국경지역인 모한·보텐에서 시작되어 남쪽으로는 비엔티안까지 이르게 되며, 총길이 400여km로 그중 62.7% 이상의 구간은 교량과 터널이 차지한다. 시속 160km로 설계되었으며, 2021년에 완공되어 개통될 예정이다. 총 투자액은 약 400억 위안으로 중국·라오스 양국이 각각 70%와 30%의 지분비율로 합자건설하게 된다. 중국·라오스 간의 철도사업이 완성되면 라오스의 경제사회 발전을 촉진시키게 될 것이고, 현지의 운수 효율과 수준도 향상되며, 중국 라오스 양국의 경제·무역·투자·관광 등 분야에서의 협력도 확대될 수 있다. 더 나아가 중국·아세안 자유무역지구의 경제관계를 강화시킬 수도 있다. 다른 한편으로는 중국 서남지역의 경제발전에도 새로운 원동력을 제공하게 될 것이다.

中泰铁路

    中泰铁路是中国与泰国合作建设的泰国首条标准轨铁路，按最初计划，该铁路全线总长近900千米。 2012年，时任泰国总理英拉访华，两国提出"大米换高铁"计划，但随着泰国政局的动荡，这一计划被搁置。 2014年12月6日，泰国国家立法议会批准中泰铁路合作谅解备忘录草案。同年12月19日，李克强总理和巴育总理共同见证了《中泰铁路合作谅解备忘录》的签署，随后，中泰铁路进入正式协商阶段。2015年12月19日，中泰铁路项目在泰国举行了启动仪式。2016年年初，中泰铁路曼谷—呵叻段开工建设，大约3年内完工，而整条线路将在5年内建设完成。中泰铁路合作项目是中国"一带一路"倡议与泰国巴育政府基础设施建设规划有效对接的范例。中泰铁路主要途经泰国东北部地区，所经站点均为泰国重要城市，因此将大大促进泰国东北部经济发展，惠及民生。

중국·태국 간의 철도

중국과 태국을 연결하는 철도는 중국과 태국의 합자로 건설되는 태국 최초의 표준레일 철도로서, 초기 계획에 따르면 전체 노선의 총길이는 약 900km이다. 2012년 당시 잉락 태국 총리가 중국을 방문하여 '쌀로 고속철도 교환'이라는 계획을 제시했지만, 태국 정국의 불안으로 인해 이 계획은 보류되었다. 2014년 12월 6일 태국 국가입법회의에서 중국·태국 철도협력 양해각서 초안을 비준하였다. 같은 해 12월 19일 리커창 중국 국무원 총리와 빠위 태국 총리가 지켜보는 가운데 양국이 「중국·태국 철도협력 양해각서」에 서명함으로서 중국·태국 철도사업은 정식적인 협상 단계에 돌입하였다. 2015년 12월 19일 중국·태국 간의 철도 프로젝트는 태국에서 기공식을 가졌다. 2016년 초에 중국과 태국 간의 연결 철도는 방콕에서 나콘랏차시마 구간에 대한 건설이 착공되었다. 이 구간 철도는 대략 3년이고, 모든 선로의 건설은 5년 내에 마칠 예정이다. 중국·태국 간의 철도협력 프로젝트는 중국이 제창한 '일대일로' 이니셔티브와 태국 빠위 정부의 인프라 건설계획과 효율적으로 접목된 모범적인 사례이다. 중국·태국 간의 철도 노선은 태국 동북부지역을 경유하여 모든 경유지는 태국의 주요 도시들이기 때문에, 장차 태국 동북부지역의 경제발전을 크게 촉진시키고 민생에도 큰 혜택을 가져다줄 것이다.

蒙内铁路

蒙内铁路是东非铁路网的起始段，全长471千米，设计运力2500万吨，设计客运时速120千米、货运时速80千米，连接肯尼亚首都内罗毕和东非第一大港蒙巴萨港，是首条在海外全部采用"中国标准"建造的铁路。它因为是肯尼亚百年来修建的第一条新铁路，所以有该国"世纪铁路"之称。该铁路于2014年10月正式开工建设，预计2017年6月1日开通试运行。建成后，蒙巴萨到内罗毕将从目前的10多个小时缩短到4个多小时。根据远期规划，该铁路将连接肯尼亚、坦桑尼亚、乌干达、卢旺达、布隆迪和南苏丹等东非6国，促进东非现代化铁路网的形成和地区经济发展。据统计，蒙内铁路建设期间，为肯尼亚带来近3万个就业机会，年均拉动国内生产总值增长1.5%。建成后，当地物流成本可以降低 40%。

몸바싸·나이로비 간의 철도

몸바사·나이로비 간의 철도는 동아프리카 철로망의 첫 단계로 총길이 471㎞, 운송량 2,500만 톤, 여객운송 시에는 시속 120㎞, 화물운송 시에는 시속 80㎞로 설계되었으며, 케냐의 수도 나이로비와 동아프리카 최대 항구인 몸바싸항에 연결되어 있다. 이 철도는 해외에서 모두 '중국 표준' 만을 채택하여 건설된 첫 번째 철도이다. 이 철도는 케냐가 백 년 동안 건설한 첫 번째 신철도이기 때문에 케냐에서는 '세기의 철도'라고도 불린다. 이 철도는 2014년 10월에 정식으로 공사를 시작하여, 2017년 6월 1일 개통하여 시운행 된 바 있다. 완공 후에는 몸바싸에서 나이로비까지 현재 10여 시간 소요되던 것이 4시간 정도로 단축되었다. 장기계획에 따라 이 철도는 케냐, 탄자니아, 우간다, 르완다, 부룬디와 남수단 등 동아프리카 6개국과 연결되어 동아프리카 철로망의 현대화와 지역경제발전을 촉진시키고 있다. 통계에 따르면 몸바싸·나이로비 구간의 철도 건설기간 동안, 케냐에는 약 3만 개의 취업기회가 제공되었으며, 해마다 1.5%의 국내총생산(GDP)이 성장하는 효과를 가져오게 될 것이다. 완공 후에는 현지 물류원가가 40% 정도 감소될 것으로 전망하고 있다.

亚的斯-阿达玛高速公路

　　亚的斯-阿达玛高速公路是埃塞俄比亚乃至东非地区首条高速公路。这条高速公路由中国政府融资支持，全部采用中国技术和标准承建。该条公路连通埃塞俄比亚首都亚的斯亚贝巴和该国第二大城市阿达玛，对改善埃塞俄比亚民众出行、提高运输效率及吸引外商投资发挥着重要作用。该公路全长100多千米，一期和二期项目分别于2014年5月和2016年8月竣工。项目实施中，承建的中国企业不仅雇佣大量本地劳动力，也对埃塞俄比亚输出了技术和管理经验，有助于埃塞俄比亚加强基建能力建设。

아디스·아다마 간의 고속도로

아디스·아다마 간의 고속도로는 에티오피아 더 나아가 동아프리카 지역에 건설되는 최초의 고속도로이다. 이 고속도로는 중국 정부로부터 융자지원을 받고, 모두 중국의 기술과 표준을 채택하여 시공된다. 이 고속도로는 에티오피아의 수도와 제2대 도시인 아다마까지 연결되어 에티오피아 국민들의 교통편의를 개선해 줄 것이며, 운송효율을 향상시키고 외국기업들의 투자를 유치하는데 중요한 역할을 하게 된다. 이 고속도로는 총길이가 100여 ㎞이며, 1기 공사와 2기 공사는 각각 2014년 5월과 2016년 8월에 준공되었다. 프로젝트의 시행과정에서 건설을 담당하는 중국기업은 대규모의 현지 노동력을 고용했을 뿐만 아니라, 에티오피아에 기술과 관리 노하우를 제공해 주었으며, 에티오피아의 인프라 건설능력을 강화하는데도 도움이 되었다.

卡洛特水电站

卡洛特水电站位于巴基斯坦北部印度河支流吉拉姆河上，距离首都伊斯兰堡的直线距离约55千米，是"一带一路"建设的首个水电项目，也是丝路基金2014年年底注册成立后投资的首个项目，同时还是"中巴经济走廊"优先实施的能源项目之一，更是迄今为止中国企业在海外投资在建的最大绿地水电项目。该项目采用"建设—经营—转让"的运作模式，已于2015年年底正式开工建设，预计2020年可以投入运营，运营期为30年，到期后无偿转让给巴基斯坦政府。该水电站的规划装机容量是72万千瓦，每年发电32.13亿度，总投资金额约16.5亿美元。除主要用于发电外，该项目还有防洪、拦沙、改善下游航运条件和发展库区通航等综合效益。项目建设期间，可为当地提供2000多个直接就业岗位，同时将带动当地电力配套行业的协调发展和产业升级。

카로트 수력발전소

카로트 수력발전소는 파키스탄 북부 인더스강 지류인 인젤 룸 강에 위치하고 있으며, 수도인 이슬라마바드에서 직선거리로 약 55㎞ 떨어져 있다. 이 수력발전소는 '일대일로' 건설 계획 중 첫 번째 수력발전 프로젝트로, 2014년 말에 실크로드 기금이 공식적으로 출범된 후 투자한 첫 프로젝트이다. 동시에 '중국·파키스탄 경제회랑' 계획에서 우선적으로 시행되는 에너지 프로젝트이며, 더욱이 지금까지 중국기업이 해외에서 투자 건설하는 최대 규모의 '그린 필드 투자' 수력발전 프로젝트이다. 이 사업은 '건설·경영·양도(BOT)'의 운영방식을 채택하고, 2015년 말 정식으로 착공하여 2020년에는 운영에 들어갈 수 있을 것으로 예상하고 있으며, 운영기간은 30년으로 기한이 만료되면 무상으로 파키스탄 정부에 양도할 계획이다. 이 수력발전소의 설비용량은 720MW로 연간 발전량은 3.213GWh, 총투자금액은 약 16.5 억 달러이다. 이 프로젝트는 주로 수력발전 외에도 홍수와 하류의 모래퇴적을 방지하며, 하류에서 선박 운행조건의 개선과 댐 주변의 통항 등 종합적인 효과를 창출할 수 있을 것으로 보고 있다. 프로젝트 건설기간 동안 현지에 2,000여 개의 일자리를 제공할 수 있게 되며, 동시에 현지의 전력 관련 기업들의 협동발전과 산업의 업그레이드를 촉진시킬 수 있게 될 것이다.